Ronald Gohl

Auf steilen Schienen in die Berge

Ronald Gohl

Auf steilen Schienen in die Berge

Die schönsten Panoramaziele mit der Schiene entdecken

Mit Wander- und Tourenvorschlägen

SCONTO

Inhalt

Vorwort

Sie sind die Veteranen unter den Bergbahnen in den Alpen. Schon in den Gründerjahren des Fremdenverkehrs schnauften Zahnradbahnen von prominenten Talorten aus auf die umliegenden Berge und erschlossen auch bergunerfahrenen Touristen die schönsten und eindrucksvollsten Aussichtspunkte der Alpen.

Heute erfreuen sich die letzten 33 Zahnradbahnen der Alpen, die dieser Band vorstellt, einer ungebrochenen Beliebtheit. Urlauber genießen ihren nostalgischen Zauber, Hobby-Eisenbahner lassen sich von der Zahnradtechnik faszinieren, und Wanderer schätzen sie nicht zuletzt als umweltfreundliche Aufstiegshilfen.

Und doch wird die Fortführung und Wirtschaftlichkeit dieser Zahnradbahnen immer wieder hinterfragt. Seilbahnen sollen anstelle der aufwändig zu betreibenden Schienenbahnen nicht nur die Frequenz steigern, sondern vor allem mehr Gewinn abwerfen. Bereits wollte man die Zahnradbahnen am Monte Generoso und am Rigi (Arth–Rigi-Bahn) wegrationalisieren.

Doch das Bahnpersonal, die Talbevölkerung und nicht zuletzt auch viele Bahnfans haben sich vehement dagegen gewehrt, so dass beide Betriebe auch in Zukunft rumpeln und rattern dürfen. Doch inzwischen ist der gleiche Streit auch in Grindelwald (Berner Oberland) ausgebrochen. Eine teure Studie soll belegen, dass die Zahnradbahn auf die Kleine Scheidegg unrentabel ist. So soll auch sie in absehbarer Zukunft einer Seilbahn geopfert werden.

Offenbar haben es noch nicht alle Tourismusverantwortlichen begriffen: Während die einen (Dampfbahn Furka-Bergstrecke) in mühevoller Fronarbeit stillgelegte Zahnradbahnen wieder zu neuem Leben erwecken, wollen die anderen beliebte Strecken preisgeben. Doch auch in Grindelwald hat sich eine Opposition gegen die Pläne der Wengernalp-Bahn formiert. Und es ist hoffentlich damit zu rechnen, dass die Geschäftsleitung eine touristisch weitsichtige Entscheidung fällt. Immerhin zieht die Zahnradbahn jedes Jahr Hunderttausende von Besuchern an, die nicht zuletzt auch wegen der schönen Bahnfahrt aufs Jungfraujoch pilgern.

Der vorliegende Bildband zeigt, wie schön Zahnradbahnen sein können und welch grandiose Berggebiete sie erschließen. Neben Wissenswertem über Geschichte und Technik der einzelnen Bahnanlagen hält das Buch detaillierte Informationen über die lohnendsten Wanderungen von den Bergstationen aus bereit und gibt wichtige Hinweise zur Erreichbarkeit der Talorte, zu empfehlenswerten Quartieren, Betriebszeiten usw.

Sämtliche Zahnradbahnen zwischen Niederösterreich und der französischen Mont-Blanc-Region werden in ihrer gesamten Faszination vorgestellt – darunter auch so genannte gemischte Zahnrad- und Adhäsionsbahnen wie die SBB-Brüniglinie oder die weltberühmte Furka–Oberalp-Bahn. Namhafte Fotografen komponierten einmalige Aufnahmen von Eisenbahn und Landschaft. Entdecken Sie in wunderschönen, großformatigen Bildern die schönsten Bahnen!

Habkern, im August 2000
Ronald Gohl

Mit Zahnstange und Zahnrad

Sie sind langsam, sie holpern und rumpeln, sie sind manchmal alt und unbequem – und doch ist der Andrang groß. Die Rede ist von den Zahnradbahnen in den Alpen, die in manchen Regionen einen regelrechten Touristenmagnet darstellen. So mussten im Frühsommer 2000 pro Tag einige tausend Besucher abgewiesen werden, die aufs Berner Oberländer Jungfraujoch fahren wollten. Die Enttäuschung war so groß, dass im Bahnhof von Interlaken Ost sogar eine Bombe gelegt wurde, die aber glücklicherweise von der Polizei entschärft werden konnte.

Die Zahnstange

Ohne Zahnstange geht in den Bergen praktisch nichts, es sei denn, die Züge erklimmen mittels Spitzkehren oder Spiraltunnels die steilen Hänge. Doch wenn dafür zu wenig Platz ist, geht's auf Schienen nur noch mittels Zahnstange oder Drahtseil weiter. Die Zahnstange muss wegen des starken Schubes kräftig im Gleisbett verankert sein. Es gibt große konstruktive Unterschiede, denn an der Zahnstange erkennt man den geistigen Vater der Zahnradbahn. Solche Anlagen entstanden im letzten Viertel des 19. Jahrhunderts, als immer mehr Reisende die Schönheit der Berge entdeckten und diese einer breiten Bevölkerungsschicht zugänglich gemacht werden sollte. Der Wettlauf um die erste Zahnradbahn der Welt verlor Europa zwar an Amerika, dafür entstanden dann im Alpenraum so viele kühne Strecken, mit denen die Neue Welt nicht mehr mithalten konnten. Abt, Riggenbach, Strub und Locher hießen die Bergbahnpioniere, die mit ihrer Technik und ihrem Innovationsgeist die steilsten Berge der Alpen bezwangen. Der Zahnradbahnbau war fest in Schweizer Händen, denn von 88 weltweit erstellten Anlagen stammten 85 von Schweizer Ingenieuren. Sie verlegten selbst

im fernen Vietnam oder in den Anden Gleise und Zahnstangen auf die Berge.

Nachstehend die wichtigsten Systeme: Die zweistufe Zahnstange von Roman Abt besteht aus zwei nebeneinander verlaufenden Flachstäben mit versetzten Zähnen (Abb. 1). Man findet sie am Brienzer Rothorn und am Gornergrat. Das System Riggenbach zeichnet sich durch eine Leiterzahnstange aus. Zwei seitliche Wangen verhindern das Ausgleiten des Zahnrades (Abb. 3). Dies ist die am weitesten verbreitete Zahnstange, hat doch Riggenbach weltweit 43 Anlagen gebaut. In den Alpen fahren beispielsweise die Wengernalp-Bahn, die Rigi-Bahnen, die Zugspitzbahn und noch viele andere auf einer Leiterzahnstange. Die Stufenzahnstange nach System Strub (Abb. 2) verfügt nur über einen Profilstab. Sie ging als eine Erfindung des schweizerischen Bergbahninspektors in die Eisenbahngeschichte ein; Strub war mit den Mängeln aller bisherigen Systeme vertraut. Auf einer Strub'schen Zahnstange fahren beispielsweise Jungfraubahn, die Bahn auf Les Pléjades oder die Stadtmetro Lausanne–Ouchy. Das System des Zürcher Ingenieurs Eduard Locher (Abb. 4) kam nur bei der Pilatusbahn zu Anwendung. Zwei horizontal liegende Zahnräder greifen seitlich in einem links und rechts gezahnten Flachstab ein. Diese Anordnung verhindert das Abheben des Triebfahrzeuges und gewährleistet auf der steilsten Zahnradbahn der Welt ein größtmögliches Maß an Sicherheit.

Die Konstruktion von Zahnradbahnweichen ist eine Wissenschaft für sich. Recht problemlos wird die Weiche zum Beispiel nach System Strub gehandhabt, sehr kompliziert musste dagegen die Locher-Weiche angeordnet werden. Bei dieser besteht nur die Möglichkeit, das ganze Gleis mittels einer Schiebebühne in die gewünschte Richtung zu stellen. Oder die Weiche geht in die dritte Dimension. Die Oberseite dient dem Stammgleis. Auf Knopfdruck wendet der Bahnhofsvorsteher die Konstruktion um 180 Grad. Die Rückseite dient dann der Abzweigung.

Das Zahnrad

Partner der Zahnstange ist das Zahnrad. Es ist relativ groß und zwischen den Achsen der Triebfahrzeuge gut zu erkennen. Im Gegensatz zu gemischten Zahnrad- und Reibungsbahnen wird hier die Zugkraft ausschließlich über das Zahnrad übertragen. Die Laufräder haben lediglich die Aufgabe, den Zug über die Schienen zu führen. Natürlich gibt es auch Vorschriften. So muss die Zahnstange in der Maximalsteigung einen mit sechs mutliplizierbaren Zahndruck des vollbesetzten, ruhenden Zuges aushalten können. Die Lokomotive steht bei reinen Zahnradbahnen meistens auf der Talseite, sodass sie den Zug bei der Bergfahrt schiebt und bei der Talfahrt bremst – auch aus Sicherheitsgründen, falls einmal eine Kupplung reißt... Die Fahrgeschwindigkeit liegt dabei zwischen 6 und 21 km/h.

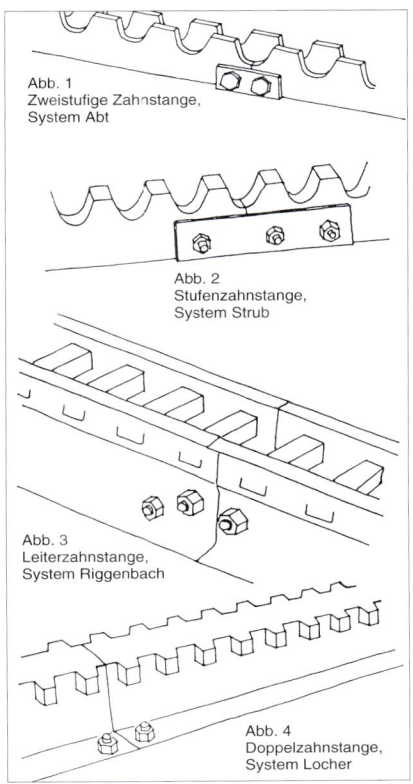

Abb. 1
Zweistufige Zahnstange,
System Abt

Abb. 2
Stufenzahnstange,
System Strub

Abb. 3
Leiterzahnstange,
System Riggenbach

Abb. 4
Doppelzahnstange,
System Locher

Oben: Der Rigi-Normalspur-Triebwagen BDhe 2/4 Nr. 11 bei Chräbel.

Nachfolgende Doppelseite: Steil bergauf geht's bei der Schynige-Platte-Bahn im Berner Oberland. Die Lok schiebt immer auf der Talseite

Schneeberg: Die »Feuer- salamander« krabbeln

Oben: Steil dampft die alte Lok mit ihrem Vorstellwagen zum Gipfel des Schneebergs hinauf.

Gras zwischen den Schienen und moderner »Feuersalamander«.

Der Schneeberg, so belehrt uns das Lexikon, ist ein Bergstock der niederösterreichischen Kalkalpen, der – von der Raxalpe durch das Tal der Schwarza, dem Höllental, geteilt – im Klosterwappen (2075 m) und Kaiserstein (2061 m) gipfelt. Doch was können nüchterne geografische Erläuterungen über den gewaltigen Bergriesen aussagen, der im Süden Niederösterreichs die vielfältige Schönheit dieses Landes so sehr charakterisiert.

Die Schneehaube

Wie fast alle »Schneeberge« in Europa verdankt auch der Schneeberg in Niederösterreich seinen Namen der Tatsache, dass er am längsten im Jahr eine Schneehaube trägt. Schon dadurch kennzeichnet er sich seit eh und je als der höchste im Lande, auch wenn

dies wissenschaftlich erst durch einen Johann Ernst Graf Hoyos im Jahre 1764 trigonommetrisch festgelegt wurde.

Weniger als 60 Kilometer beträgt die Luftlinie von der goldenen Spitze des Stefansdoms in Wien bis zu den Schneeberggipfeln, und schon dieser geringen Entfernung wegen wurde der Berg zu einem lieben Freund der Wiener, dem man immer wieder gerne einen Besuch abstattet, selbst wenn man kein Bergsteiger oder Skifahrer ist. Der Schneeberg macht es seinen Besuchern aber auch sehr leicht. Er besitzt eine Zahnradbahn, die auf ihrer Strecke von 9,5 km mehr als 1200 m Höhenunterschied überwindet. Die Dampf- und Dieselzüge befördern ihre Fahrgäste zwar nicht gerade schnell, aber umso sicherer und behutsamer auf den Berg. Wer in Ehren alt geworden – die Zahnradbahn wurde 1897 eröffnet –

chen. Die beiden »Salamander«-Züge und die Ersatzlok wollen Menschen auf sich aufmerksam machen. Man spricht über sie, man fotografiert sie, und man erlebt mit ihnen während der Fahrt eine intakte Naturlandschaft. Und damit die Umwelt nicht belastet wird, zählt der verwendete Dieselmotor zu den modernsten der Welt. Die Abgase des »Feuersalamanders« werden über einen Katalysator geführt und erreichen die kalifornischen Abgasbestimmungen – die strengsten Abgasnormen der Welt.

Und damit auch Dampffreunde auf ihre Kosten kommen, stehen gleich noch sechs »Feuerrösser« im Einsatz, die über hundert Jahre alt sind. Die 18 t schweren Maschinen sind in der Lage, zwei Personenwagen die steile Schneebergtrasse hinaufzuschieben. Durch den Einsatz der »Feuersalamander« ist es möglich, die rüstigen Veteranen zu entlasten und dadurch deren Weiterbestand zu sichern – damit noch lange Dampf am Schneeberg abgelassen werden kann.

Die Fahrt der Züge auf den Schneeberg beginnt im Bahnhof Puchberg am Schneeberg (576 m). Dieser ist gleichzeitig Endpunkt für die Normalspurstrecke von Wiener Neustadt (Kursbuchfeld 52d) und Aus-

Wandern

TIPP 1

Plateauwanderung: Station Hochschneeberg – Damböckhaus – Wegabzweigung zum Klosterwappen – Klosterwappen – Fischerhütte – Damböckhaus – Station Hochschneeberg, 280 m bergauf und bergab, 2 h 30 min, nur mit gutem Schuhwerk und Wanderausrüstung.

TIPP 2

Station Hochschneeberg – Haltestelle Baumgartner – Kaltwassersattel – Hengsthütte – Hauslitzsattel – Puchberg am Schneeberg, 1218 m bergab, 2 h 40 min Gehzeit, schöne Wanderung entlang der Zahnradbahn (besonders für Eisenbahnenthusiasten recht empfehlenswert).

Folgende Doppelseite:
Wanderer, Erholungssuchende und Eisenbahnfans fasziniert die einmalige Kombination von Eisenbahnromantik und alpiner Bergwelt.

oder vielmehr jung geblieben ist – seit 1999 gibt es neues Rollmaterial – verdient es wohl, dass man ihm die gebührende Reverenz erweist.

Der »Gelb gefleckte«

Im reichen Angebot der heimischen Flora fand Hannes Rausch, der Beauftragte für ein neues Erscheinungsbild der Bahn, im Feuersalamander jenes Tier, dessen Eigenschaften auch auf die neuen, 1999 beschafften Fahrzeuge zutreffen. Die kriechende, dem Umfeld angepasste Fortbewegung entspricht dem kurvengängigen, kurzgekuppelten Zug, bestehend aus drei Fahrzeugen – eine Lok, ein Mittelwagen und ein Steuerwagen. Die gelb gefleckte Haut des Feuersalamanders dient nicht nur der Tarnung, sondern auch dazu, um auf sich aufmerksam zu ma-

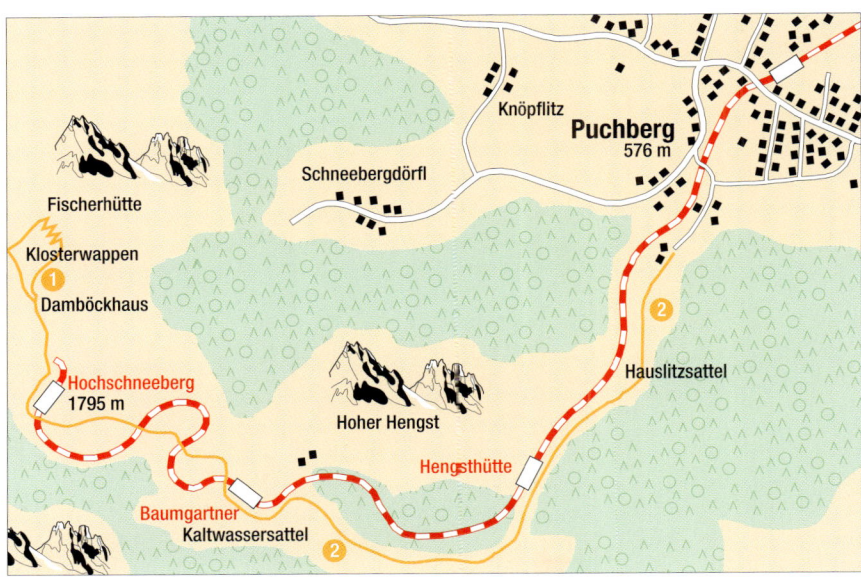

Wenn im April noch Schnee auf dem Schneeberg liegt, bieten sich unzählige Wandermöglichkeiten rund um den Ferienort Puchberg.

gangspunkt der Meterspur-Zahnradbahn (Kursbuchstrecke 52e). Nachdem der Zug den Bahnhof verlassen hat, strebt er langsam bergan und erreicht die ersten Haltestellen Schneebergdörfl und Hauslitzsattel. Hier befindet sich auch die erste der drei Betriebsausweichen. Nach der Haltestelle Hengsthütte wird die erste Wasserstation erreicht, wo die Dampfloks »auftanken« müssen. Nach der Bedarfshaltestelle Ternitzer Hütte wird die Station Baumgartner auf 1397 m erreicht – eine beliebte Zusteigestelle für Wanderer und die dritte Ausweiche für die Züge. Nochmals muss die Lok ihre

Info

Anreise

Mit der Bahn fährt der Besucher von Wien über Wiener Neustadt (umsteigen) nach Puchberg am Schneeberg.

Betriebszeiten

Die Zahnradbahn verkehrt von Ende April bis Anfang November.

Höhenunterschiede

Talstation Puchberg	577 m
Bergstation Schneeberg	1795 m
Höhenunterschied	1218 m

Attraktionen

- sechs Dampflokomotiven aus den Jahren 1896 bis 1900
- zwei »Feuersalamander«-Züge
- imposantes Panorama bis weit über die Stadt Wien hinaus
- Elisabethkirche in der Nähe der Bergstation, der Ermordung der österreichischen Kaiserin Sissi gewidmet

Unterkunft

Berghaus Hochschneeberg, gemütliche Zimmer mit Etagenbad/Dusche (Telefon: 02636 / 2257). Weitere Unterkünfte in Puchberg (Telefon Kurverwaltung: 02636 / 2201).

Karten

Die Schneebergbahn hält einen informativen und kostenlosen Prospekt mit Wanderkarte bereit.

Infos

Niederösterreichische Schneebergbahn GmbH, Bahnhofplatz 1, A-2734 Puchberg am Schneeberg
Telefon: 02636 / 3661
Fax: 02636 / 3262
Internet: www.schneebergbahn.at

ganze Kraft aufbieten, um die letzten Höhenmeter im extremen Anstieg (200 ‰) bis zur Endstation Berghaus Hochschneeberg zurückzulegen.

Wandervögel

Eine fröhliche Menschenmenge verlässt hier die Station, um auf der weitläufigen Hochfläche des Schneebergs Wanderungen zu unternehmen und die herrliche Aussicht zu genießen. Die einen entscheiden sich für den Plateauwanderweg, die anderen für den Bahnwanderweg ins Tal. Eine großflächige Panoramakarte im Bereich der Station Hochschneeberg dient als Orientierungshilfe. Auf der gewählten Wanderroute geleitet eine ausgezeichnete Beschilderung sicher ans gewünschte Wanderziel.

Es gibt Tage, die gehen einfach viel zu schnell vorbei. Zu diesen gehört sicher der Ausflug auf den Hochschneeberg – egal ob man nun Eisenbahnfan, Wanderer oder »nur« Erholung suchender Sommerfrischler ist. Auf dem Wiener Schneeberg ist es einfach schön!

Wohl dem, der schon einmal über das weiche Moos und die duftigen Blumenmatten auf den Schneeberggipfel gestiegen ist, und dabei die herrliche Fernsicht ins Raxgebirge geniessen konnte.

Die Dampflok – man hört sie, man riecht sie, und man sieht ihre Motoren arbeiten.

Schafberg: Erlebnis Schiff und Bahn

Am 20. Mai 1873 begann mit der Jungfernfahrt des Raddampfers »Kaiser Franz Josef I.« die Linienschifffahrt auf dem Wolfgangsee. Dieser Dampfer mit Platz für 200 Personen versieht noch heute seinen Dienst in der ÖBB-Flotte. Die Österreichischen Bundesbahnen betreiben aber auch die 1893 eröffnete Zahnradbahn auf den Schafberggipfel, die ihren Ausgangspunkt in St. Wolfgang – viel besungen nach Ralph Benathkys Operettenschlager »Im Weißen Rössl am Wolfgangsee« – nimmt.

Kaiser Franz Josef, seit den Sissi-Filmen auch vielen Ausländern bekannt, fühlte sich im Salzkammergut wie zu Hause. Er liebte die Berge, das Wandern und vor allem die Jagd – in seinem langen Leben schoss der Kaiser genau 50 556 Jagdtrophäen. Bad Ischl war die kaiserliche Sommerfrische, hier besaß Franz Josef eine Villa, wo er oft den ganzen Sommer über residierte. Bad Ischl, Treffpunkt des Adels, von hohen Offizieren und vermögenden Kaufleuten, erreichte man von Salzburg aus mit der Salzkammergut-Lokalbahn (SKGLB), deren 63,2 km lange Linie im Jahre 1893 in Betrieb ging. Auch den Wolfgangsee entlang dampfte damals noch die Eisenbahn. Ende der Fünfzigerjahre erfolgte jedoch das endgültige Aus für die Züge, so dass man heute nicht mehr direkt von Salzburg, sondern nur noch über den Umweg Attnang-Puchheim oder Stainach-Irdning nach Bad Ischl gelangt.

Mit Bahn, Bus und Schiff

Wer mit den öffentlichen Verkehrsmitteln reist, sollte von Stainach-Irdning kommend durch die Koppenschlucht und am Hallstätter See entlang nach Bad Ischl fahren. Von dort aus geht's mit dem Bus weiter nach Strobl am Wolfgangsee, wo vielleicht schon eines der sechs Schiffe auf die Abfahrt wartet. Bis St. Wolfgang ist es jedoch nicht weit, wer genügend Zeit mitbringt, sollte vor dem Ausflug auf den Schafberg noch eine Seerundfahrt dazwischenschalten. Hierbei kann man so richtig die Seele baumeln lassen – und den Schafberg gleich von verschiedenen Seiten aus erst einmal betrachten. Vielleicht übernachtet man dabei sogar im »Weißen Rössl«, dem vornehmsten Gasthof weit und breit, oder im Berghotel Schafbergspitze; vielleicht auch beides. Der Schafberg-Bahnhof liegt direkt an der Uferstraße bei St. Wolfgang, wo auch die Schiffe anlegen. Dort befinden sich auch die Betriebs- und Werkstättengebäude der Schafbergbahn. Der Triebfahrzeugpark besteht aus vier alten Dampfloks mit je zwei Vorstellwagen (über 100 Jahre alt), vier neuen, ölbefeuerten Dampfloks mit je zwei Vorstellwagen sowie zwei Dieseltriebwagen mit je 75 Sitzplätzen.

Dicht an der Landesgrenze zwischen Oberösterreich und Salzburg schnauben die Feuerrösser über die bis zu 255‰ ansteigende 5,8 km lange Strecke zur Schafberg-

Rechte Seite: Auf seiner Rückseite fällt der Schafberg praktisch senkrecht ab – wer hätte das gedacht?

Die Dampflok 099.106 mit ihrem Vorstellwagen oberhalb von St. Wolfgang.

Blühende Bergdisteln findet der aufmerksame Wanderer auch im Gebiet des Schafbergs.

spitze hinauf. Die Fahrt dauert bis zu 60 Minuten, dabei werden 1188 Höhenmeter bezwungen.

Der Schafberg ist mit einer Höhe von 1782 m kein spektakulärer Alpengipfel. Häufig hat man jedoch nicht von den höchsten Bergen die beste Aussicht. So ist es auch auf dem Schafberg, denn die Rundschau ist dank den vielen Seen phänomenal und auch etwas verwirrend. Mondsee, Attersee, Wolf-

Wandern

TIPP 1

Bergstation Schafbergbahn – Spinnerin – Bergstation Schafbergbahn, 1 h 30 min, Gratweg zum Nachbargipfel, nur für geübte Berggänger

TIPP 2

Bergstation Schafbergbahn – Schafbergalm – Riedersteig – St. Wolfgang, 1188 m bergab, 2 h 30 min Gehzeit

TIPP 3

Bergstation Schafbergbahn – Schafbergspitze – Suissensee – Mittersee – Mönichsee – Dietelbach – St. Wolfgang, 1188 m bergab, 3 h Gehzeit

gangsee, Hallstätter See, Schwarzensee: Welche sieht man nun genau und wo liegen sie? Mit der Karte in der Hand oder vor der Panoramatafel stehend, gewinnt man die Übersicht. Und richtig, am Horizont grüßt auch noch die Dachsteingruppe mit ihren vergletscherten Gipfeln.

Ein steiles und kühn geschwungenes Horn

Schon lange bevor die Schafbergbahn gebaut wurde, war der Gipfel ein lohnendes Ziel für aussichtshungrige Touristen. Die Fußgänger, die den mehrstündigen Aufstieg in Kauf nahmen, kamen aus Deutschland und vielen anderen Ländern. An besonders klaren Tagen kann man mit dem Fernglas sogar die Türme der Münchner Frauenkirche erkennen. Ehrfurchtsvoll verneigen muss man sich aber nicht vor dem fernen Gotteshaus, sondern im Angesicht des kühn geschwungenen Horns, das auf seiner Vorderseite kaum vermuten lässt, was es auf seiner Rückseite verbirgt, nämlich eine praktisch senkrechte, direkt zum Attersee abfallende Felswand. Diesen Himmelszahn soll man angeblich sogar vom Hochschneeberg aus erkennen können – und umgekehrt müsste auch der letzte große Alpenpfeiler von hier aus sichtbar sein. Deshalb gilt: unbedingt Fernglas mitnehmen!

Rangierbetrieb auf der Schiebebühne der Betriebswerkstätte in St. Wolfgang.

Info

Anreise

Von Salzburg oder Wien mit den ÖBB via Attnang-Puchheim oder Stainach-Irdning nach Bad Ischl. Von dort mit dem Bus nach St. Wolfgang.

Betriebszeiten

Die Schafbergbahn verkehrt von Frühling bis Herbst, etwa von Anfang Mai bis Ende Oktober.

Höhenunterschiede

Talstation St. Wolfgang	544 m
Bergstation Schafberg	1732 m
Höhenunterschied	1188 m

Attraktionen

– die acht Dampflokomotiven (vier alte und vier neue)
– 360°-Panorama
– gemütliche Schiffsrundfahrt auf dem Wolfgangsee
– Operetten-Gasthof »Weißes Rössl« in St. Wolfgang

Unterkunft

Das Hotel Schafbergspitze der Familie Pasch bietet mit seinen Komfortzimmern zu fairen Preisen das Erlebnis »Sonnenaufgang an der Himmelspforte« (Telefon: 06138 / 3542).

Karten

Kompass-Wanderkarte, 1:35 000, Blatt K018 »Wolfgangsee«

Infos

ÖBB, GE-St. Wolfgang, Markt 35, A-5360 St. Wolfgang
Telefon: 06138 / 2232-0
Fax: 06138 / 2232-12
Internet: www.sanktwolfgang.at

Oben: Die umliegenden Bergkämme erstrahlen im letzten Abendlicht – dahinter bahnt sich bereits eine Gewitterfront den Weg.
Linke Seite: Schon von weitem hört man die schnaubenden Züge, die sich auf den letzten Metern unterhalb des Gipfels abmühen müssen.
Unten: Wenn im Frühjahr der Löwenzahn blüht, ist der Blick über den Wolfgangsee zum Schafberg besonders schön.

Achensee: Tschutschu-Bimmelbahn

25 Minuten lang müht sich die alte Lok Nr. 2 mit ihrem Zug ab, bis sie endlich in der Station Eben, dem Scheitelpunkt auf 970 m, zum Verschnaufen kommt. Nach einem kleinen Rangiermanöver kann es dann bis zur Endstation Seespitz weitergehen.

Wandern

TIPP 1

Seespitz – mit dem Dampfer nach Pertisau – Wanderung am Ufer des Achensees bis zum Ende des Sees – von dort mit dem Bus zurück nach Maurach – Talfahrt mit der Zahnradbahn, teilweise ebener Weg mit leichten Steigungen, Zusteigemöglichkeit auf halbem Weg in der Gaisalm, 3 h Gehzeit

TIPP 2

Seespitz – Maurach – Eben, Wanderweg neben der Bahntrasse benützen – Stangegut – Burgeck – Jenbach, 440 m bergab, 2 h Gehzeit

TIPP 3

Erfurter Hütte (Bergstation Seilschwebebahn) – Grubalacke – Grubascharte – Rofanspitze – gleicher Weg zurück, 425 m bergauf und bergab, 3 h 30 min Gehzeit

Blick vom Ebnerjoch zum Achensee mit Pertisau, im Vordergrund ausgedehnte Legföhren.

Die alte Lok faucht und raucht, die Wagen knarren und rumpeln über die Zahnstangenstrecke. Auf den alten Holzsitzen fühlt man sich wie zu Großmutters Zeiten. Und jedermann freut sich über die Fahrt, denn die alten Maschinen sind liebevoll gepflegte Museumsstücke – keine zahnlosen Urahnen, sondern voll einsatzfähig mit Biss.

Durch Moränen zum zauberhaften See

Ausgangspunkt einer Fahrt mit der alten »Bimmelbahn« ist der Bahnhof Jenbach, wo beinahe alle Schnellzüge der ÖBB halten. Dort steigt man in den vielleicht schon bereitstehenden Dampfzug und wartet ungeduldig auf die Abfahrt. Doch keine Hektik, denn hier gibt es schon vor der Abfahrt einiges zu sehen. Jenbach ist nämlich der einzige Bahnhof Österreichs, in dem gleich drei verschiedene Spurweiten zusammentreffen: die 1435 mm breiten Normalspurgleise der Österreichischen Bundesbahn, die 1000 mm breiten Schienen der Achenseebahn und die Minispur von 760 mm der Zillertalbahn. Keine Sorge, hier ist alles echt, wir sind nicht im Disneyland, sondern auf dem Weg in eine der landschaftlich schönsten Gegenden Tirols. Nachdem sich der Zug mit Getöse in Bewegung gesetzt hat, zuckelt die Lok mit ihren zwei Wagen über die Ebene – noch ohne Zahnstange und Zahnrad. Erst am Ortsrand von Jenbach beginnt die Zahnradtrasse. Erste Bedarfshaltestelle ist Burgeck auf 622 m, danach hat die alte Dampflokomotive mächtig zu schnaufen, denn es folgt die größte Steigung mit bis zu 160 ‰. Seit der Eröffnung im Jahre 1889 stehen die drei Lokomotiven im Einsatz und bezwingen in nur 45 Minuten die 440 m hohe Steilstufe.

Die Zahnradbahn führt fast ausschließlich durch Moränengebiet und ihr Trassee weist einige sehr hohe Dämme auf, die durch trockene Futtermauern gesichert sind. Als Kunstbauten sind nur zwei kleine Tunnels vorhanden. Vom Berghang, bereits hoch über Jenbach, hat der Fahrgast einen herrlichen Blick über das Inntal, die umliegende Bergwelt bis hin zu den Stubaier Alpen und zum Wilden Kaiser. Nach 25 Minuten Fahrzeit erreicht der Zug im Scheitel- und Ausweichbahnhof Eben den höchsten Punkt der Strecke (970 m). Hier endet der Zahnstangenabschnitt, und der Dampfzug rollt mit einem Gefälle von 25 ‰ weiter bis zur Endstation Seespitz. Und plötzlich eröffnet sich dem Reisenden eine ganz andere Landschaft: offen, weit mit einem zauberhaften See. Ins Blickfeld rücken die Berge des Rofangebirges sowie das Naturschutzgebiet Karwendel. Für viele ist hier nicht Endstation, sondern sie beginnen erst ihre Exkursion in die umliegende Bergwelt, die mit zahllosen schönen Wander- und Bergwegen aufwarten kann. Beispielsweise könnte man mit der Seilschwebebahn von Maurach zur Erfurter Hütte hinauffahren, um von dort über Mauritzalm-Hochleger und die Grubalacke auf die 2259 m hohe Rofanspitze zu steigen.

Projekt Kristallzug

Die Arbeitsgruppe »Alpenpark Karwendel« denkt über ein sinnvolles Verkehrskonzept innerhalb des Naturschutzgebietes nach. Als Hauptzubringer in den Park soll eine Schmalspurbahn mit Wasserstoff-Hybrid-Antrieb gebaut werden. Der futuristische »Kristallzug« soll absolut umweltfreundlich und nahezu lautlos durch den Park gleiten. Die Achenseebahn könnte zunächst bis Pertisau verlängert werden und in einer späteren Phase über Vorderriss und die Isarauen bis nach Klais oder Lenggries oder sogar bis zum Tegernsee führen, wo wiederum Anschlüsse an die Bayerische Oberlandbahn (BOB) oder die DB bei Klais bestünden. Eine bessere Erschließung durch öffentliche Verkehrsmittel könnte das gegenwärtige »Autoproblem« lösen.

Info

Anreise

Die Schnellzugstation Jenbach liegt zwischen Innsbruck und Kufstein im Inntal. Gleich daneben befindet sich der Ausgangsbahnhof von Achensee- und Zillertalbahn.

Betriebszeiten

Die Dampfzahnradbahn verkehrt von Ende April bis Ende Oktober.

Höhenunterschiede

Talstation	530 m
Bergstation Seespitz	931 m
Höhenunterschied bis Eben	440 m

Attraktionen

- Bahnhof Jenbach mit drei unterschiedlichen Spurweiten
- Speisung der Lokomotiven mit Seewasser bei der Endstation
- Umsteigen auf das Dampfschiff: mit Ausblick vom Achensee auf den Naturpark Karwendel
- Seilschwebebahn zur Erfurter Hütte

Unterkunft

In Pertisau am Achensee gibt es eine Vielzahl komfortabler Hotels, von der Familienpension bis zum gemütlich eingerichteten Vier-Sterne-Hotel. Tourismusverband, Telefon: 05243 5260.

Karten

Kompass-Wanderkarte, 1:30 000, Blatt K27 »Achensee-Rofangebirge«.

Infos

Achenseebahn AG, Bahnhof, A-6200 Jenbach
Telefon: 05244 / 622-43
Fax: 05244 / 622-435
Internet: www.achenseebahn.at

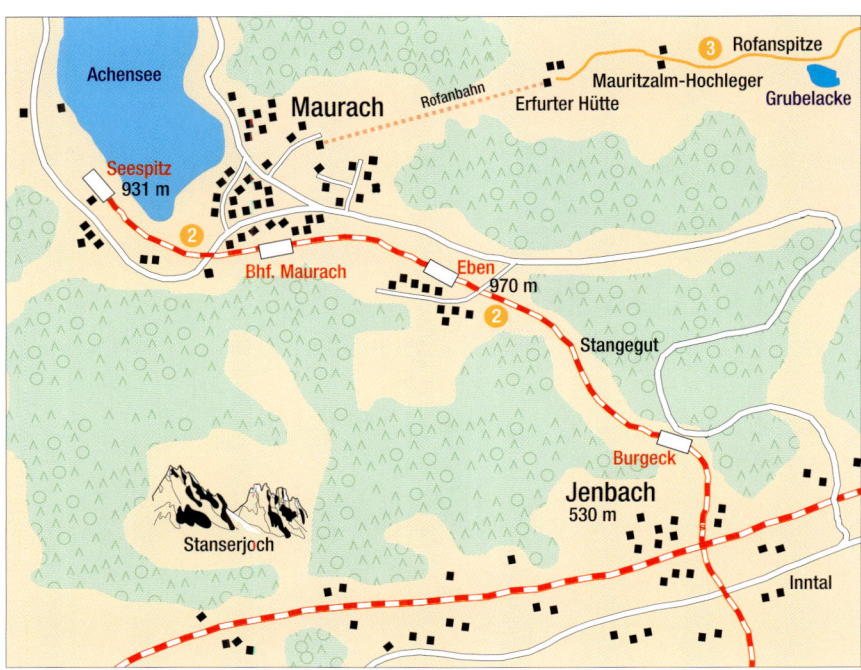

Die Bimmelbahn hat ihr Ziel Seespitz erreicht. Auf dem Achensee tanzen kleine Segelboote, und der große Ausflugsdampfer erwartet seine ersten Fahrgäste. Doch nicht nur Talwanderungen sind beliebt, attraktiv sind auch Bergwanderungen – zum Beispiel zum Zireinsee, dahinter Rofanspitze und Hochiss.

Zahnradbahnen in Deutschland

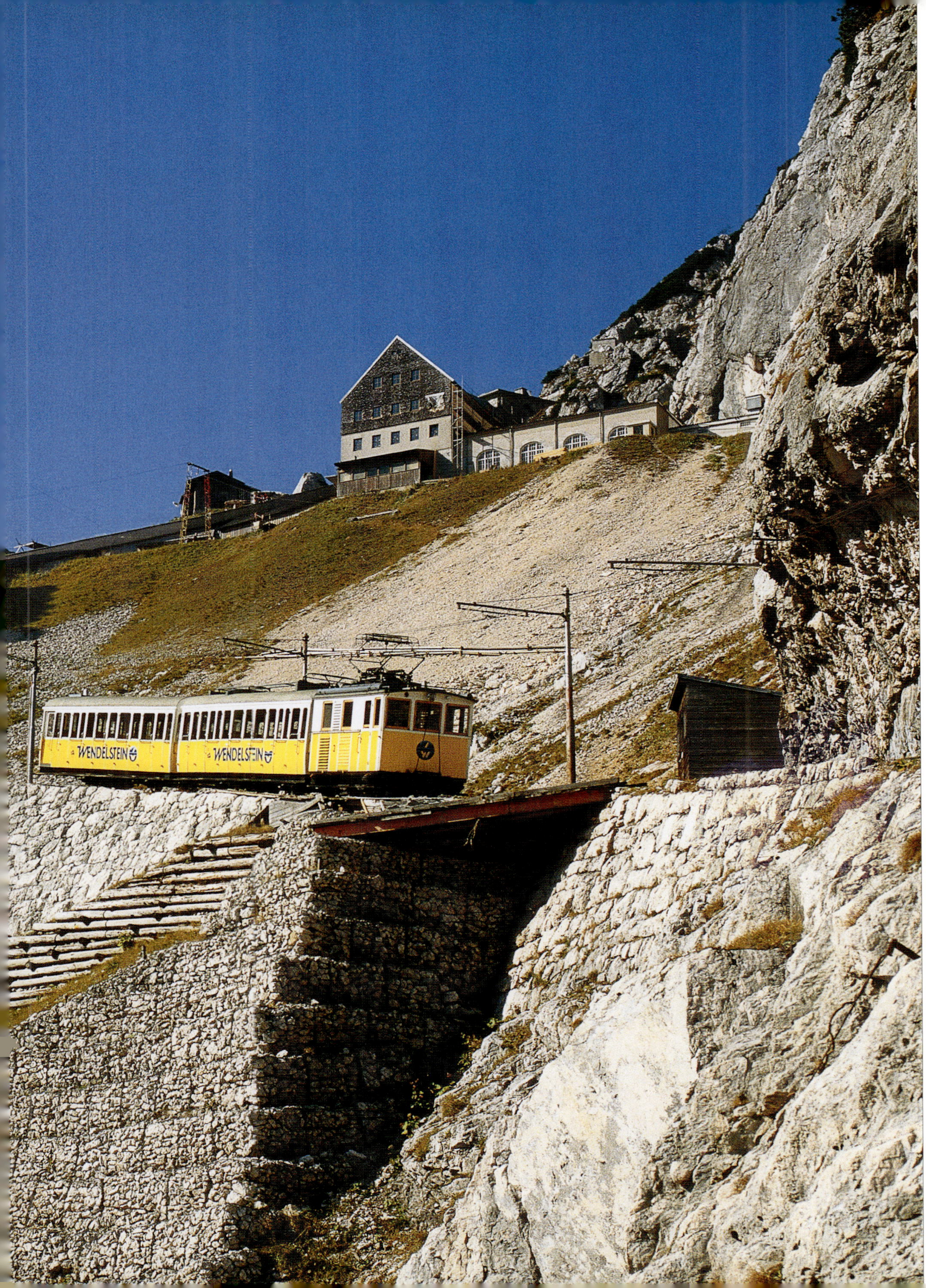

Wendelstein: Das Tor zum Bayern- himmel

Noch verkehren die hölzernen Nostalgiezüge bei Sonderanlässen. Auskünfte erteilt die Wendelsteinbahn. Rechts: das Wendelsteinkircherl mit Zug, fast wie auf der Modellbahn …

Wandern

TIPP 1

Gipfelweg: Bergbahnhof – Wendelsteinkircherl – Wendelsteinhaus – Sternwarte – Oberes Wetterloch – Wendelsteinhöhle, 137 m rauf und runter, 1 h 30 min Gehzeit

TIPP 2

Wendelsteinalmen: Bergbahnhof – Sonnenkraftwerk – Almhäuser – Zeller Scharte – Bergbahnhof, 305 m rauf und runter, 2 h 30 min Gehzeit

TIPP 3

Abstieg: Bergbahnhof – Zeller Scharte – Richtung Reindleralm – ostwärts zur Mitteralm, 524 m bergab, 3 h Gehzeit, Rückfahrt mit der Zahnradbahn nach Brannenburg

In seinen »Baierischen Landtafeln« beschreibt der Mathematiker Philipp Apian im Jahre 1561 erstmals den »Wendelstain« als schwer ersteigbaren Berg. Kein Wunder, denn zu dieser Zeit war Bergsteigen noch keine Freizeitbeschäftigung. Auf einen solchen Gipfel wagten sich höchstens Hirten, Jäger oder Almbauern.

Der Geheime Kommerzienrat macht's möglich

Um die Jahrhundertwende, zur Zeit des überall in den Alpen grassierenden »Bergbahnfiebers«, entstand auch die Idee, eine Bahn auf den Wendelstein zu bauen. Verschiedene Ausgangsorte waren im Gespräch, doch dem Geheimen Kommerzienrat Otto

von Steinbeis gelang es, Brannenburg als Talstation »seiner Zahnradbahn« durchzusetzen. Am 4. Februar 1910 unterzeichnete der Bayerische Prinzregent Luitpold die Konzessionsurkunde. Man kann sich heute kaum mehr vorstellen, wie es den 800 überwiegend bosnischen Arbeitern in nur zweijähriger Bauzeit gelang, die 9,95 km lange Bahnstrecke mit sieben Tunnels, acht Galerien, zwölf Brücken und aufwändigen Stützmauern zu errichten. Um die Bahn vor Steinschlägen und Lawinen zu schützen, hatte man die schwierigste der möglichen Baulinien gewählt. Am 12. Mai 1912 rissen die Brannenburger ihre Augen auf: Die erste Bahnfahrt erschloss für das Wendelsteingebiet und für den bayerischen Bergbahnbau ein neues Zeitalter. Am 25. Mai wurde die Bahn eingeweiht.

Das »Wunderwerk der Technik« wurde nach 75 Jahren zur viel bestaunten, doch äußerst teuren Nostalgie. Die ständig steigenden Unterhalts- und Personalkosten für Wagen und Loks aus der Gründerzeit ließen die Betriebsverluste immer höher klettern. 1991 lösten zwei neue, moderne Doppeltriebwagen die alten Züge ab. Doch Nostalgiefreunde können sich freuen: Zu bestimmten Anlässen fahren noch zwei komplette Züge aus der Gründerzeit.

Die Wendelsteinhöhle

Höhlen ziehen sich wie ein roter Faden durch die Geschichte der Menschheit: als Zufluchtsstätten vor wilden Tieren, später als feste Wohnstätten, als Grabkammern oder Lagerräume. Die 300 m lange Wendelsteinhöhle wurde erst 1864 entdeckt und gehört zu einem Höhlensystem, mit dem der Gipfel durchzogen ist. Der natürliche Eingang in der Südwand des Gipfels musste 1962 wegen Steinschlaggefahr geschlossen werden. Nicht weit vom Bergbahnhof wurde ein künstlicher Eingangsstollen geschaffen, der mit 83 Stufen in die Tiefe führt. Im Zickzack gelangt man durch die Gesteinskluft ungefähr 200 m weit zum beeindruckenden Dom und in der anderen Richtung – etwa 30 m weit – zum natürlichen Eingang der Höhle.

Der Wendelstein zählt zu den schönsten Aussichtsbergen Deutschlands. Die herausragende Lage macht ihn zum »Tor des Bayernhimmels«. Nach allen Seiten bietet sich nicht nur ein Panoramablick in die umliegenden Täler, sondern auch ein Einblick in den Aufbau und den Werdegang des wohl besterforschten Gebirges der Erde. Wer mehr darüber wissen möchte, besucht den lebendig gestalteten Geo-Park. 250 Millionen Jahre erlebte Erdgeschichte gibt es hier auf vier Wegen zu bestaunen. Alle Pfade sind gut beschildert und eignen sich auch für mäßig geübte Wanderer – unterwegs gibt's immer wieder Erläuterungstafeln.

Rund um den Wendelstein bieten sich den Wanderenthusiasten – ob Familie oder reiferen Alters – eine Vielzahl von Tourenmöglichkeiten an.

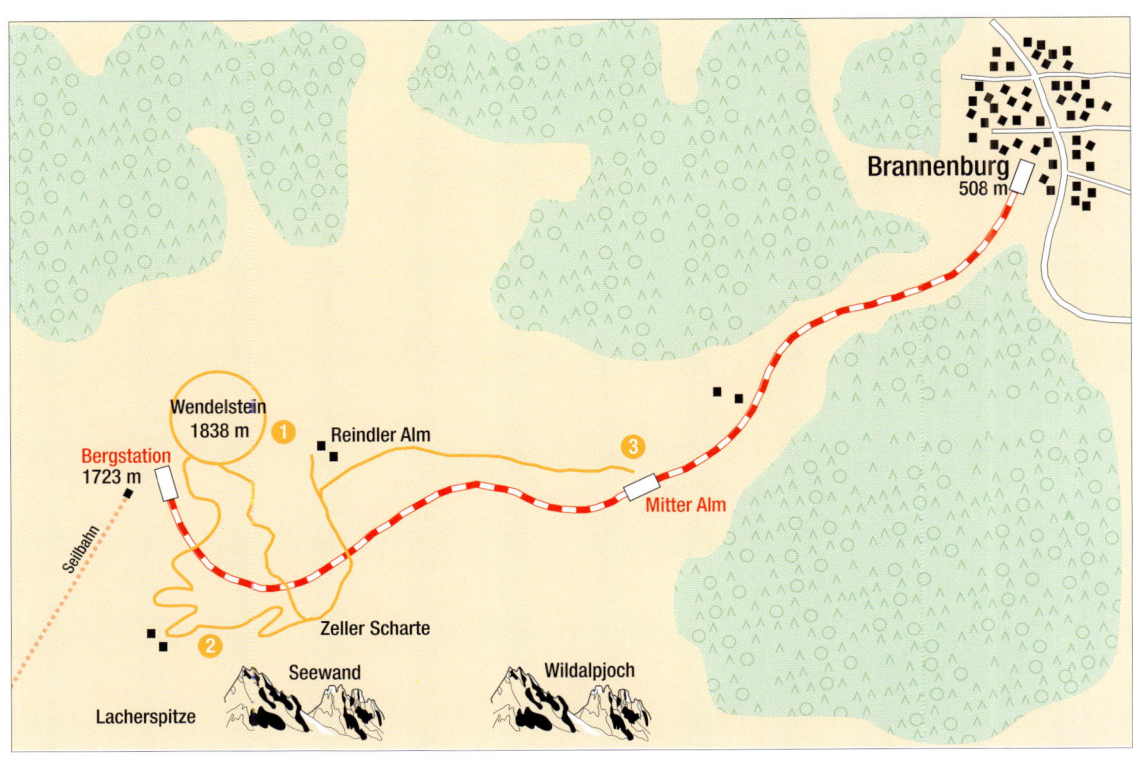

Linke Seite: Die neuen gelben Zahnrad-Doppeltriebwagen »Otto von Steinbeis« und »Prinzregent Luitpold« wurden in der Schweiz gebaut.

Info

Anreise
Mit dem Zug erreicht man Brannenburg von München oder Innsbruck aus. Vom DB-Bahnhof zu Fuß zur Talstation (etwa 30 min).

Betriebszeiten
Während der Sommersaison (Juni bis Oktober) verkehren die Züge mehrmals täglich.

Höhenunterschiede

Talstation Brannenburg	508 m
Bergstation Wendelstein	1723 m
Höhenunterschied	1217 m

Attraktionen
- Wendelsteinhöhle
- Wendelsteinkircherl
- Geo-Park (vier Wege und 37 Erläuterungstafeln)
- Sonnenobservatorium und Sternwarte (für Besucher jeden Donnerstag im Sommer geöffnet)

Unterkunft
Zimmer und Lager im Gasthaus Mitteralm bei der Mittelstation (Telefon 08034 / 2760).

Karten
Huber Verlag, Wanderkarte 1:50 000, Bayerisches Inntal.

Infos
Wendelsteinbahn GmbH, Kerschelweg 30, D-83098 Brannenburg, Telefon: 08034 / 308-0 Fax: 08034 / 308-106 Internet: www.wendelstein.de

Links: Das Gipfelmassiv mit der deutlich zu erkennenden Trasse der Zahnradbahn.

Zugspitze: Auf dem höchsten Deutschen

Eindrucksvoll – das Gipfelpanorama reicht über vier Länder. Wer gut zu Fuß ist, gelangt über den Klettersteig zum Gipfelkreuz der Zugspitze.

Wandern

TIPP 1
Station Riffelriss – Seealm – Zugwald – Eibsee, 649 m bergab, 1 h Gehzeit

TIPP 2
Station Riffelriss – Hohes Eck – Talstation Ehrwald-Zugspitzbahn (Österreich), 411 m bergab, 1 h 30 min Gehzeit (Rückweg: Gipfelbahn zur Zugspitze, Talfahrt über Sonn-Alpin und mit der Zahnradbahn nach Garmisch)

TIPP 3
Rund um den Eibsee, ebener Weg, 1h Gehzeit, gemütlicher Spaziergang für Familien und Senioren

Welch ein Gefühl – mit der Zahnradbahn Meter für Meter völlig mühelos zu steigen und dabei sicher zu sein, dass Deutschlands höchster Berg keine Wünsche offen lässt – ob Traumpanorama, Klettersteig zum Gipfel, eine Kunstausstellung über den Wolken, Ski- und Snowboarden bis ins späte Frühjahr; ja sogar die Durchführung von Trauungen ist möglich.

Top of Germany – der Erlebnisberg

Mit fast 3000 m ist die Zugspitze Deutschlands höchster Berg. Das 360-Grad-Panorama von der Gipfelterrasse erfüllt bei guter Witterung und Fernsicht alle Erwartungen. Gleich vier Länder, nämlich Deutschland, Österreich, Italien und die Schweiz rücken ins Blickfeld – vorausgesetzt natürlich, man kennt sich in dem Gipfelwirrwarr etwas aus. Nicht verfehlen kann man dabei Österreich, denn die Grenze zu Deutschland verläuft exakt über die Gipfelpartie der Zugspitze. Früher wachten hier die Grenzbeamten über die Ein- und Ausreise von und nach Deutschland.

Die Zugspitze ist aber auch ein »Bähnchenparadies«, denn fast von allen Seiten erklimmen Seilbahnen, Lifte und Schienenfahrzeuge den Westabbruch des Wettersteingebirges. Böse Zungen behaupten, hier hätte man mal wieder die alpine Natur verschandelt – doch so eng darf man es nicht sehen. Erstens gibt es rundherum noch viel unberührte Natur, und zweitens können dank diesen Einrichtungen auch ältere Leute, Kinder, Behinderte und wenig Gebirgserfahrene die Welt von oben sehen. Und dies

über den Bau der Zugspitzbahn. Ein 450 m² großer Panoramaraum zieht Kunstfreunde in seinen Bann. Zweimal jährlich wechselt die Ausstellung. Die Darstellung zeitgenössischer Kunst ist gleichermaßen für Betrachter und Künstler eine außergewöhnliche Attraktion. Nachdem man sich an Kunst und Panorama satt gesehen hat, geht's mit der Eibsee-Seilbahn zurück ins Tal. Am Eibsee lockten vielleicht ein kühles Bad und ein Spaziergang rund um den See – oder wer's eilig hat steigt in die Zahnradbahn um und fährt nach Garmisch zurück. Eine unvergessliche Rundreise, die natürlich von den Besuchern auch in umgekehrter Reihenfolge unternommen werden kann.

Ins Tal und auf den Berg

Die Adhäsionsbahn vom Ortskern Garmisch-Partenkirchen bis zum Zugspitzdorf Grainau wurde in den Jahren 1928–29 erbaut. Die Strecke führt vom Zugspitzbahnhof Garmisch, der durch eine Unterführung mit dem Bahnhof der Deutschen Bahn AG verbunden ist, das Loisachtal aufwärts über die Stationen Kreuzeck-Alpspitzbahn und Hammersbach-Höllental bis zum Zugspitzbahnhof Grainau. Streckenlänge 7,5 km, meterspurig, Fahrzeit 15 Minuten. Bis 1987 wurde der Zugbetrieb auf der Talstrecke ausschließlich von vier Talllokomotiven bewältigt. Die längsten Züge bestanden dabei aus zwei Loks und sieben Wagen. Seit 1987 werden auf dieser Strecke überwiegend Doppeltriebwagen eingesetzt, bei starkem Verkehrsaufkommen zwei Doppeltriebwagen in Doppeltraktion.

Die Zahnradbahn von Grainau über die Station Eibsee zum Hotel Schneefernerhaus (2650 m) wurde am 8. Juli 1930 in Betrieb genommen. Zur Wintersaison 1987/88 erfolgte die Eröffnung eines neuen, 975 m langen Tunnels zum Zugspitzplatt. Er zweigt bei km 3,8 von dem alten Zahnradbahntunnel ab und endet im neuen Gletscherbahnhof, direkt unter dem Restaurant Sonn-Alpin. Die alte Zahnradbahnstrecke zum

Ein Traumtag auf dem höchsten Gipfel Deutschlands – sehen, staunen, Bilder festhalten. Über den Wolken stehen, den Alltag vergessen, im Spiel von Licht und Schatten die Gedanken in die Ferne schweifen lassen und die Eindrücke des gesamten gezackten Gipfelkranzes unauslöschlich in sich aufnehmen.

Oben: Eine Garnitur der Zugspitzbahn fährt mit 20 km/h in Richtung Riffelriss, wo der Zug im Tunnel verschwindet.

Nachfolgende Doppelseite: Der neue Doppeltriebwagen 10.10 bei Grainau.

ermöglicht vielen die erste Begegnung mit der alpinen Bergwelt.

Es gibt viele Möglichkeiten, auf der Zugspitze einen Traumtag zu erleben. Eine ist mit der Zahnradbahn von Garmisch-Partenkirchen zum Schneeferner-Gletscher auf dem Zugspitzplatt hinaufzufahren, Deutschlands höchste Kirche zu besuchen und einen Gletscherrundgang zu unternehmen. Im Gletscherrestaurant Sonn-Alpin, das auf 2600 m liegt, erwartet die Besucher eine wunderschöne Sonnenterrasse. Ein idealer Platz –, bei Sonne, Aussicht und herrlich frischer Luft – um auszuruhen und aufzutanken. Anschließend schwebt man mit der Gletscherbahn vom Zugspitzplatt auf den höchsten Gipfel Deutschlands. Hier oben, auf 2964 m, lässt sich das Gipfelkreuz in wenigen Minuten über einen Klettersteig erreichen, eine Videovorführung informiert

Der Schnee stiebt bis ins späte Frühjahr hinein, wenn unten im Tal die Bauern bereits das Heu einfahren. 7,7 km² groß ist das Zugspitzplatt; ein Ort, wo nicht selten die Sonne über den Wolken scheint – ein Platz nicht nur für Boarder und Brettelfans.

Info

Anreise

Nach Garmisch gelangt man von München aus mit dem Intercity. Von Innsbruck fahren die Züge über die Karwendelstrecke nach Garmisch.

Betriebszeiten

Zahnradbahn und Gipfelseilbahn verkehren das ganze Jahr.

Höhenunterschiede

Talstation Garmisch	710 m
Bergstation Sonn-Alpin	2588 m
Höhenunterschied	1878 m

Attraktionen

- Sonnenterrasse und Gletscherrundgang auf Sonn-Alpin
- höchste Kirche Deutschlands
- Klettersteig zum Gipfelkreuz
- Videovorführung über den Bahnbau
- Kunstausstellung
- 4-Länder-Fernsicht
- erfrischendes Bad im Eibsee

Unterkunft

Matratzenlager im Münchner Haus beim Gipfel – nur im Sommer geöffnet (Telefon 08821 / 2901) sowie das wunderschön gelegene und ganzjährig geöffnete Alphotel Eibsee (Telefon 08821 / 988-10).

Karten

Kompass-Wanderkarte, 1:50 000, Blatt 5 »Wettersteingebirge«.

Infos

Bayerische Zugspitzbahn Bergbahn AG, Olympiastraße 27, D-82467 Garmisch-Partenkirchen, Telefon: 08821 / 808-0 Fax: 08821 / 797-901 Internet: www.zugspitze.de

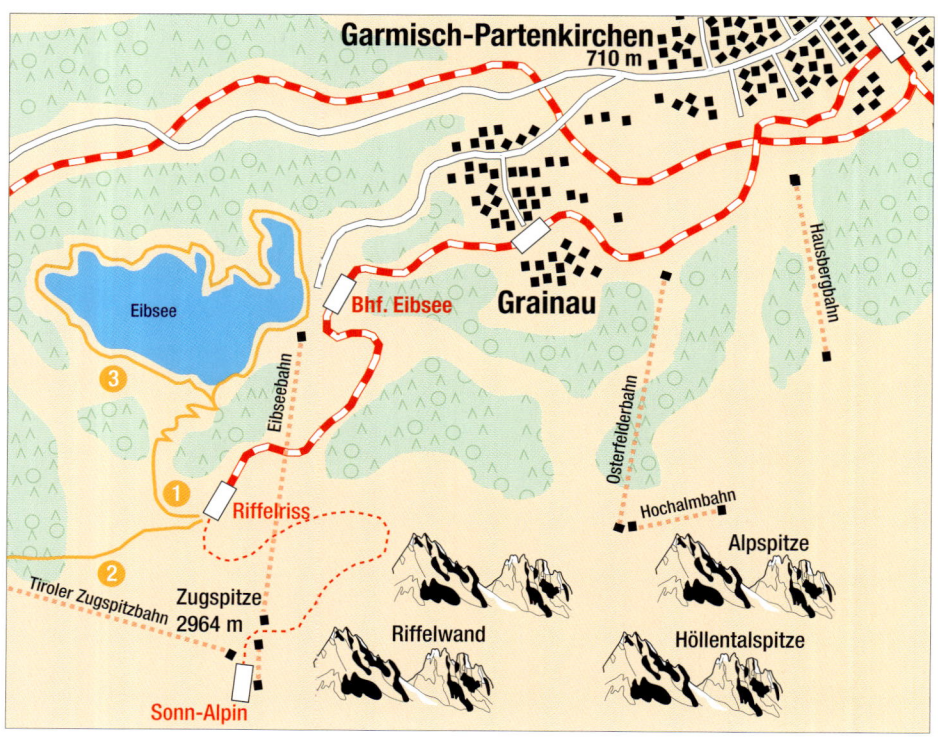

Schneefernerhaus wurde im November 1992 nach 62 Jahren für den öffentlichen Betrieb stillgelegt. Seither gilt: Streckenlänge 11,5 km, meterspurig, Fahrzeit 55 Minuten.

Bereits ab 1954 wurden Zahnradbahn-Triebwagen eingesetzt. Diese Fahrzeuge mit den Betriebsnummern 1 bis 4, die jeweils einen Personenwagen bergwärts schieben, lösten nach und nach die früheren Zahnradlokomotiven ab. Damit konnten die Fahrzeiten zum Schneefernerhaus (frühere Endstation) ab Garmisch auf 75 Minuten und ab Eibsee auf 40 Minuten reduziert werden. Ab 1978 wurden zwei weitere Zahnrad-Triebwagen mit den Nummern 5 und 6 eingesetzt, die seit 1980 mit Steuerwagen betrieben werden können. Die neuen Doppeltriebwagen (Betriebsnummern 10 und 11) können sowohl auf der Reibungsstrecke wie auf der Zahnstangenstrecke der BZB verkehren. Ihre Höchstgeschwindigkeit beträgt 70 km/h auf der Adhäsionsstrecke, wodurch die Fahrzeit zwischen Garmisch und

Grainau auf genau 13 Minuten verringert werden konnte.

Wissenschaftler am Werk

Die Zugspitze ist auf Grund ihrer Höhe sowie ihrer günstigen geografischen Lage zu einem gesuchten Stützpunkt bedeutender Institute für Wissenschaft und Forschung geworden. Das Max-Planck-Institut für extraterrestroide Physik führt seit 1956 auf der Zugspitze Messungen der kosmischen Strahlung durch. Das Fraunhofer-Institut für Atmosphärische Umweltforschung unterhält ebenfalls seit 1956 eine Station zur Erforschung der Physik der Strato- und Troposphäre. Neben der Richtfunkstelle der Telekom hat sich auch noch der Deutsche Wetterdienst hier eingenistet. Der »Antennenwald« auf dem Gipfel ist denn auch beachtlich. Alle diese Anlagen dienen der Wissenschaft und wurden nicht etwa errichtet, um den Berg endgültig zu verschandeln.

Aufstieg zum Vorderen Drachenkopf, Blick aus dem Schwärzkar über den Seebensee zur Zugspitze.

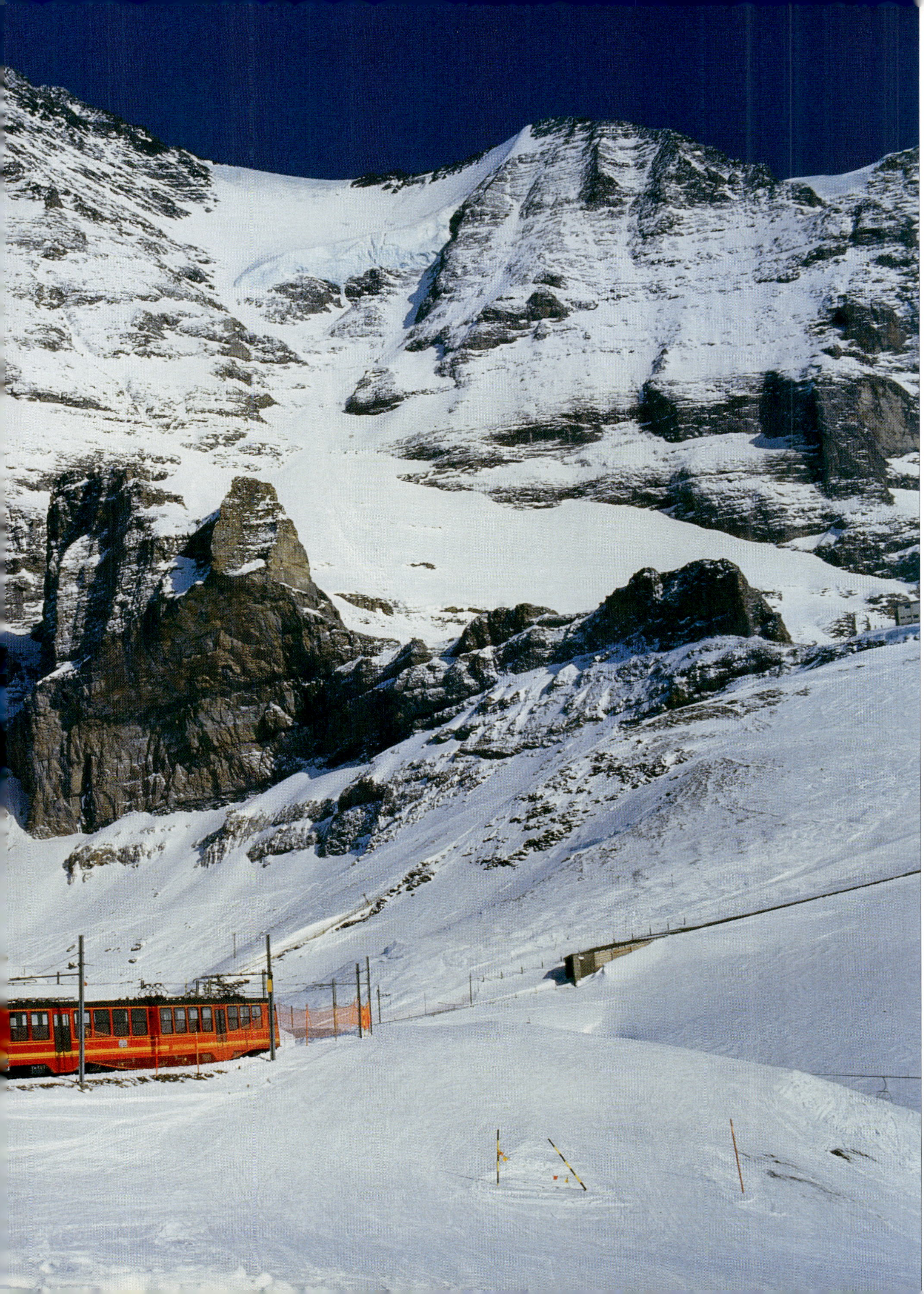

Zahnradbahnen in der Schweiz

Heiden: Kurvenreich zum Kurort

Schon mal beim Wandern von Herzen gelacht? Ein so genannter Witzwanderweg zwischen Heiden und Walzenhausen macht's möglich. Drei Stunden dauert die lustige Wanderung, die immer wieder von Tafeln mit Appenzeller-Witzen aufgelockert wird. Für alle Auswärtigen: Die Appenzeller sind die Schweizer Ostfriesen, über die man gerne Witze schmiedet. Das klingt dann ungefähr so: »Du Vatter, wo sönd d Pyrenäe?« frööget de Michael. Do määnt de Vatter: »Da moscht de Muetter frööge, si rummt all ale Chog uuf.«. Auf gut Deutsch: »Papa, wo sind die Pyrenäen«, fragt Michael. Da meint der Vater: »Das musst Du schon die Mama fragen, sie räumt immer alle Sachen weg.« Natürlich stehen auf den Witztafeln nicht nur Aufsteller im urigen Appenzeller-Deutsch, das meistens sowieso kein Auswärtiger versteht. Da liest man zum Beispiel auch: In einem Dorf war am Sonntag Glockenweihe. Am anderen Tag mussten die Schüler einen Aufsatz schreiben. So schrieb ein Schüler: »Gestern war bei uns Glockenweihe. Als die Glocke geweiht war, sang die Lehrerin ein Lied. Dann wurde sie aufgehängt, und die ganze Gemeinde freute sich.«

Land zwischen Bodensee und Säntis

Das Appenzellerland besticht rund ums Jahr durch sein gepflegtes Hügelland und das ausgeglichene Klima. Reizvolle Wanderwege führen an schmucken Bauernhöfen und Dörfern vorbei. Das Panorama hoch über dem Dreiländereck gibt den Blick bis zum Rheindelta und weit über den Bodensee hinaus ins benachbarte Süddeutschland frei. Das Appenzeller Vorderland mit den Hö-

Der neue Zahnradbahn-Gelenktriebwagen ist eine Einzelanfertigung des Ostschweizer Rollmaterialherstellers Stadler Fahrzeuge AG. Der BDeh 3/6 Nr. 25 wurde am 2. Mai 1999 auf der Höhe von Wastensee-Sandbüchel fotografiert.

henkurorten Heiden und Walzenhausen ist eine in sich geschlossene Region auf einer Terrasse hoch über dem Bodensee. Von hier aus genießt man die eindrucksvollsten Seestimmungen: vom aufziehenden Sturm bis zum zauberhaften Sonnenuntergang. Heiden liegt auf 810 m, weist einen klassizistischen Dorfkern (Biedermeierstil) von nationaler Bedeutung auf und ist verkehrstechnisch mit einer Zahnradbahn gut erschlossen.

Rosa ist die Schönste

Rosa ist nicht, wie man jetzt meinen könnte, eine der vielen schönen Kühe, die friedlich auf den saftig grünen Wiesen rund um den Kurort Heiden grasen. Rosa ist eine Dampflok, die in den Monaten Mai bis Oktober an einzelnen Sonntagen in die landschaftlich intakte Natur des Appenzel-

Wandern

Tipp 1

Witzwanderweg: Heiden – Ergeten – Wolfhalden – Klus (Feuerstelle) – Höchi – Hostet – Walzenhausen, 90 m bergauf, 214 m bergab etwa 3 h Gehzeit

Tipp 2

Heiden – Aussichtspunkt Benzenrüti – Heiden, 80 m bergauf und bergab, 1 h Gehzeit

Tipp 3

Heiden – Stapfen – Gmeind – Matten – Schwendi – Wienacht-Tobl, 212 m bergab, 1 h Gehzeit

Tipp 4

Gesundheitsweg: Heiden – Unterrechstein – Oberegg – Heiden, 740 m bergauf und bergab, 3 h Gehzeit, Sonderprospekt gratis erhältlich

lerlandes über dem Bodensee hinaufdampft. Und wenn die kleine grüne Rosa dann auf dem Zahnradschienenweg der RHB (Rorschach-Heiden-Bergbahn, nur nicht verwechseln mit der RhB = Rhätische Bahn) von der gemütlichen Hafenstadt Rorschach am Bodensee auf die Sonnenterrasse Heiden schnauft, dann wundern sich selbst die gutgenährten Appenzeller Kühe, die ja eigentlich auch Rosa, Bruna, Sonja oder Maya heißen. Die Lokomotive ist zwar etwas rundlich, dafür glänzt sie, als wäre sie eben erst aus der Fabrik geliefert worden. Tatsächlich haben hier viele Eisenbahnenthusiasten Hand angelegt, damit man der 400 PS starken alten Dame auch in Zukunft mächtig einheizen kann.

Natürlich muss die ehemalige Werksmaschine der Maschinenfabrik Rüti nicht den gesamten Verkehr zwischen Rorschach und Heiden bewältigen. Dafür stehen ein moderner Zahnrad-Gelenktriebwagen (Baujahr 1998) mit dem Namen Günthi und zwei etwas ältere Triebwagen mit den Namen Trudi und Hermann zur Verfügung. Natürlich hat Rosa auch einen Freund, so wie es sich für jede Lok gehört. Er heißt »Fanny« und hat schon über 70 Jahre auf dem Buckel. Der rüstige Senior, ein Elektroveteran mit der Nummer 22, steht im Depot Heiden und kommt bei Sonderfahrten zum Einsatz.

Weihnachten ist auf dem Streckennetz der Rorschach–Heiden-Bergbahn das ganze Jahr, denn das Bähnchen hält täglich im kleinen Kurort Wienacht auf 722 m. Hier wachsen zwar keine Weihnachtsbäume, dafür südlich anmutende Rebstöcke. Die Fahrt bis Heiden dauert eine knappe halbe Stunde. Im Sommer führt die RHB bei schönem Wetter noch immer offene Wagen aus dem Gründungsjahr 1875 mit – besonders beliebt bei Familien –, und für Radler steht ein eigener Velowagen zur Verfügung. Dieses Angebot ist bei den Fans besonders beliebt, denn es gibt zahlreiche schöne Abfahrten zum Bodensee.

Info

Anreise

Mit den SBB von Zürich über St. Gallen nach Rorschach, wo die RHB direkt am Bahnhof auf Fahrgäste wartet.

Betriebszeiten

Die RHB verkehrt ohne Unterbrechung das ganze Jahr.

Höhenunterschiede

Talstation Rorschach	398 m
Bergstation Heiden	794 m
Höhenunterschied	396 m

Attraktionen

– Dampflok Rosa und Elektoveteran Fanny, werden nur für Sonderfahrten und an Sonntagen eingesetzt (Auskunft bei der RHB)
– offene Sommerwagen bei schönem Wetter
– Witzwanderweg: heiterer Weg zwischen Heiden und Walzenhausen – kann als Rundtour mit dem nächsten Kapitel verbunden werden

Unterkunft

Viele Hotels im Höhenkurort Heiden, die teilweise jedoch recht teuer sind. Auskunft beim Verkehrsbüro Heiden, Telefon: 071 / 891 10 60.

Karten

Landeskarte der Schweiz, 1:25 000, Blätter 1075 »Rorschach« und 1076 »St. Margrethen«.

Infos

Rorschach–Heiden-Bergbahn (RHB), Postfach 247, CH-9410 Heiden, Telefon: 071 / 891 14 92 Fax: 071 / 891 14 59 Internet: www.ar.bergbahnen.ch

Appenzellische Landschaft, die innere Ruhe gibt – Orte, die Geschichte haben und die Sinne für die eigenen Wurzeln schärfen. Ein Bilderbogen rund um Heiden: Frühling oberhalb von Rorschach (Seite 50), der Bodensee in der Nachmittagssonne (oben), Elektro-Veteran Fanny (Mitte rechts). Im Süden: der mächtige Säntis (links).

Walzen-hausen: Nur ein Fahrzeug

Seit 1958 fährt der gleiche Triebwagen, der einzige der Bahn; schon von weitem zu erkennen ist bei der Bergstation das große Hotel Walzenhausen.

Wandern

TIPP 1

Witzwanderweg: Walzenhausen – Hostet – Höchi – Klus (Feuerstelle) – Wolfhalden – Ergeten – Heiden, 214 m bergauf, 90 m bergab etwa 3 h Gehzeit

Tipp 2

Walzenhausen – Allmendsberg – Schlisse – Schutz – Töbelimüli – Rheineck, 268 m bergab, 1 h 30 min Gehzeit

Das Appenzellerland über dem Bodensee ist mit seinen blumenreichen Wiesen und den schmucken Bauernhöfen und Dörfern ein ideales Wandergebiet. Immer wieder öffnen sich im lieblichen Hügelland zwischen Bodensee und Säntis überraschende Aus- und Weitblicke. Ein gut ausgebautes Wanderwegnetz verbindet die einzelnen Ortschaften. Walzenhausen liegt auf 670 m und weist ein wunderschönes Panorama auf, über den Bodensee und bei schönem Wetter bis weit nach Süddeutschland hinein. Eine schnurgerade Strecke zwischen Rheineck am Bodensee und Walzenhausen wird vom einzigen Zahnradbahntriebwagen der RhW (Rheineck-Walzenhausen-Bahn) befahren.

Ein Tunnelgeist?

Der kleine Zahnradbahn-Triebwagen verlässt den Bahnhof Rheineck und fährt zunächst auf ebener Trasse bis Ruderbach. Dort überquert der Triebwagen die Kantonsstrasse, fährt in die einzige Kurve auf

dem 1,9 km langen Schienenweg und verschwindet im Schutzwaldtunnel. Dort soll es angeblich vor Jahren einmal gespukt haben. Der alte Kondukteur Jakob Klee, der jahrelang das Bähnchen fuhr, erschrak ziemlich heftig, als er eines Abends plötzlich ein ohrenbetäubendes Knattern im Tunnel hörte. An der Tunnelwand glaubte er sogar eine weiße Gestalt gesehen zu haben. Klee und die verdatterten Passagiere fanden für diese Erscheinung keine Erklärung. Dieser Vorfall wiederholte sich mehrmals, sodass Klee beschloss, einen Begleiter mitzunehmen. Als es an diesem Abend wieder im Tunnel spukte, hielt Klee das Bähnchen an, und sein Begleiter sprang mutig in die Dunkelheit des Stollens. Dort entpuppte sich der »Tunnelgeist« als Lausbubenstreich. Einige Buben hatten in weiße Tücher gehüllt Schwefelstreichhölzer auf die Schienen gelegt.

Heute gibt es keine solchen Bubenstreiche mehr. Ernst Künzler steht schon 26 Jahre im Führerstand »seiner« Bahn, ein Geist ist ihm in dieser Zeit jedenfalls nicht mehr begegnet. Selbst im Hexenkirchlitobel, den der

Triebwagen nach dem langen Tunnel gleich dreimal überquert, lauern keine Hexen und Kobolde.

Einst Standseilbahn

Der eine oder andere Fahrgast fragt sich vielleicht, weshalb denn das Gleis so schnurgerade von Ruderbach zur Bergstation in Walzenhausen führt. Des Rätsels Lösung: Vor dem Umbau im Jahre 1958 fuhr hier eine Standseilbahn. Die Reisenden mussten in der Talstation allerdings umsteigen und die kurze Strecke bis zum Bahnhof mit dem Elektro- oder Benzintriebwagen der Rheinecker Verbindungsbahn zurücklegen. Das war einerseits auf die Dauer zu umständlich, andererseits erlitt der alte Standseilbahnwagen einen Achsbruch, und so musste eine neue Lösung her. Der Umbau zur Zahnradbahn erfolgte auf der bestehenden Trasse, und seither versieht ein einziger, 60-sitziger Gepäcktriebwagen mit Typenbezeichnung BDeh 1/2 Nr. 1 seinen Dienst. Fällt dieser

Steil steigt der einzige Zahnradtriebwagen BDeh 1/2 Nr. 1 aus dem Hexenkirchlitobel. Die Fahrt führt an hübschen Appenzeller Bauernhöfen vorbei.

einmal aus, bleibt die Strecke ohne Zug. Zwischen Rheineck und Walzenhausen gibt es auch keine Ausweichstelle, so pendelt der Triebwagen immer hin und her.

Alter Triebwagen mit modernem Anstrich, unterhalb von Walzenhausen.

Info

Anreise
Mit den SBB von Zürich über St. Gallen nach Rheineck, wo die RhW direkt am Bahnhof ihre Talstation hat.

Betriebszeiten
Die RhW verkehrt ohne Unterbrechung das ganze Jahr.

Höhenunterschiede
Talstation Rheineck	405 m
Bergstation Walzenhausen	673 m
Höhenunterschied	268 m

Attraktionen
- liebevoll gepflegte »Bimmelbahn« mit einem einzigen Triebwagen
- reizvolle Fahrt, vorbei an wildromantischen Gräben und hübschen Appenzeller Gehöften in grüner Hügellandschaft
- Kloster Grimmenstein in Walzenhausen

Unterkunft
Hotel Walzenhausen, Landgasthaus Traube und Gästehaus Sonneblick; Auskunft beim Verkehrsbüro Walzenhausen, Telefon: 071 / 888 24 70.

Karten
Landeskarte der Schweiz, 1:25 000, Blätter 1075 »Rorschach« und 1076 »St. Margrethen«.

Infos
Rorschach–Heiden-Bergbahn (RHB), Postfach 247, CH-9410 Heiden, Telefon: 071 / 891 14 92 Fax: 071 / 891 14 59 Internet: www.ar.bergbahnen.ch (Seit 1967 ist die Direktion der RhW jener der RHB angeschlossen, die auch Unterhaltsarbeiten ausführt.)

Dolder: Vom Stadtzentrum ins Grüne

Zwischen Zürich Stadt und Grandhotel Dolder geht die Fahrt unter anderem auch durch schönen Buchen- und Föhrenwald.

Wandern

Das es sich um ein städtisches Naherholungsgebiet handelt, sollte man nicht von Wanderungen, sondern eher von gemütlichen Spaziergängen (unterschiedlicher Länge) sprechen.

Lohnend ist der Weg zum Zürcher Zoo, dessen Besuch ein zusätzliches Erlebnis darstellt.

Auch der Adlisberg selber lädt zu einem Spaziergang ein, weitere Möglichkeiten bieten Degenried und der Sonnenberg.

Innerhalb der Parkanlagen befinden sich auch mehrere Sportstätten (Wellenbad, Tennisplätze, Minigolf, Eisbahn etc.), deren Besuch sich lohnt.

Zürich, die Hauptstadt des gleichnamigen Kantons, ist die größte Stadt und das wirtschaftliche Zentrum der Eidgenossenschaft. Zudem beherbergt sie eine bedeutende Universität, die Eidgenössische Technische Hochschule und zahlreiche Fachschulen. Zusammen mit den Vorortgemeinden liegt die Stadt an der Nordwestspitze des Zürichsees, und die Altstadt mit den malerischen Gassen und schönen Plätzen gruppiert sich um die Limmat, die aus dem See ausfließt. Die modernen Stadtteile, in denen man auch größere Industriebetriebe findet, erstrecken sich nach Südwesten bis an den Fuß des Uetlibergs, eines bekannten Ausflugsziels, nach Nordosten bis an die Glatt und nach Osten bis auf die Höhen des Zürichbergs, eines weiteren Naherholungsgebiets.

Die Siedlungsgeschichte geht bis in die jüngere Steinzeit zurück, wo Pfahlbauer als Bewohner des heutigen Stadtgebiets nachgewiesen werden konnten. Auf die keltischen Helvetier, die um 500 v. Chr. ihre Siedlungen auf dem festen Land errichteten, folgten die Römer, die im 2. Jahrhundert n. Chr. ein Kastell auf dem heutigen Lindenhof bauten. Selbstverständlich hatte die Stadt ihre Bedeutung im Mittelalter, und seit dem 18. Jahrhundert brachte sie zahlreiche Gelehrte hervor, u. a. den Pädagogen Heinrich Pestalozzi und die Dichter Gottfried Keller und Conrad Ferdinand Meyer.

Öffentlicher Nahverkehr

Um den Ballungsraum durch den öffentlichen Nahverkehr zu erschliessen, wurde zu Beginn der Neunzigerjahre die S-Bahn Zürich ins Leben gerufen, die das erste und bisher größte S-Bahn-Netz in der Schweiz bildet. Vornehmlich mit vierteiligen Doppelstock-Kompositionen, die in Doppel- oder Dreifachtraktion verkehren können, wird ein 840 km langes Netz in einem dichten Taktfahrplan bedient. Für die S-Bahn erhielt der Zürcher Hauptbahnhof zusätzliche unterirdische Gleisanlagen und wurde dadurch vom reinen Kopf- zu einem Durchgangsbahnhof.

Der städtische Nahverkehr wird – neben Bus- und Trolleybuslinien – von insgesamt 13 Straßenbahnlinien bewältigt, die auf einem 68 km langen Meterspurnetz verkehren. Daneben gibt es noch einige besondere Verkehrsmittel: Zunächst muss man die normalspurige Uetliberg-Bahn erwähnen, die als S-Bahn-Linie den im Südwesten der Stadt gelegenen Hausberg vom unterirdischen Teil des Zürcher Hauptbahnhofs aus erschließt. Da sie streckenweise die gleichen Anlagen wie die Sihltal-Bahn benutzt, aber ein anderes Stromsystem hat, besitzen ihre Fahrzeuge seitlich versetzte Stromabnehmer. Ein anderes interessantes Verkehrsmittel ist die so genannte Polybahn, eine pittoreske Standseilbahn, die von Zürich Central zu den Hochschulen fährt. Eine weitere Standseilbahn verkehrt von der Universitätsstraße aus zum Rigiblick. Schließlich gibt es noch die Dolderbahn, eine meterspurige Zahnradbahn, die zum Naherholungsgebiet auf dem Adlisberg fährt, wo man einen wunderschönen Blick über den Zürichsee hat.

Einst Standseil-, heute Zahnradbahn

Mitte 1895 nahm eine Standseilbahn ihren Betrieb auf, um die Gäste vom Römerhof aus bequem zum neu erbauten Hotel Waldhaus Dolder zu befördern. Während die Linie ursprünglich als reine Zubringerbahn zum Hotel erstellt worden war, musste sie sehr bald Aufgaben als öffentliches Verkehrsmittel erfüllen, da das Gebiet um das Hotel herum zunehmend überbaut wurde. 1899 wurde das Grand Hotel Dolder eröffnet, das auf der Anhöhe am Waldrand liegt. Um auch dessen Gästen eine bequeme Anreise zu ermöglichen, baute man von der Bergstation der Standseilbahn aus eine einspurige private Straßenbahn, die in den Dreißigerjahren durch einen Busbetrieb ersetzt wurde, der auch das neu eröffnete Wellenbad bediente. Weil die Konzession für die Standseilbahn Ende 1972 ablief und man die Gäste ohne Umsteigen bis zur Anhöhe

transportieren wollte, wurde nach einer anderen Lösung gesucht, die auch grössere Transportkapazitäten für Sportveranstaltungen anbieten sollte. Man entschied sich für eine Zahnradbahn, die im September 1973 ihren Betrieb auf der 1328 m langen Strecke mit vier Haltestellen und einer Neigung bis zu 196 ‰ aufnahm. Jeder der beiden zweiachsigen Triebwagen kann bis zu 104 Personen befördern, und dank der Ausweichstelle mit elektrisch gesteuerten Weichen sowie der modernen Signal- und Sicherungsanlagen ist bei einer Fahrzeit von 7 Minuten ein 7 $\frac{1}{2}$-Minuten-Takt möglich. Zur Zeit werden etwa 1,2 Millionen Fahrgäste pro Jahr transportiert, einerseits Gäste zu den beiden Hotelanlagen, andererseits Ausflügler zum Naherholungsgebiet, des weiteren Besucher der verschiedenen Sportanlagen und schließlich die Bewohner des Zürichbergs. Nachdem sich die Stadt Zürich bereits zur Hälfte am Aktienkapital der anfangs der Siebzigerjahre neu gegründeten Dolderbahn-Betriebs-AG beteiligt hatte, übernahm sie im Frühjahr 1999 auch die operative Geschäftsführung.

Triebwagen Nr. 1 fährt über die einzige Brücke – eine Konstruktion aus vorgespanntem Eisenbeton.

Info

Anreise
Die Dolderbahn erreicht man vom Zürcher Hauptbahnhof aus mit der Strassenbahnlinie 3 in Richtung Klusplatz (Haltestelle Römerhof; Fahrzeit ca. acht Minuten).

Betriebszeiten
Die Dolderbahn (Kursbuchstrecke 732) verkehrt ohne Unterbrechung das ganze Jahr – jeweils von 6.20 Uhr bis 23.30 Uhr.

Höhenunterschiede
Talstation Klusplatz	443 m
Bergstation Dolder	604 m
Höhenunterschied	161 m

Attraktionen
- ehemalige Standseilbahn, noch an der Streckenführung zu erkennen
- Wellenbad, Minigolf und Eisbahn

Unterkunft
Hotel Dolder, gediegenes und teures Luxushotel, Telefon: 01 / 888 24 70.

Karten
Landeskarte der Schweiz, 1:25 000, Blatt 1091 »Zürich«.

Infos
Dolderbahn-Betriebs-AG, CH-8000 Zürich, Telefon: 01 / 273 00 40 Fax: 01 / 434 46 38 Internet: www.dolder.ch

Rigi: Die erste Bergbahn Europas

Wer zum ersten Mal in das Gebiet um den Vierwaldstätter See reist, fühlt sich an die Fjorde Norwegens versetzt. Allerdings passen das sommerlich milde Klima und die vielerorts mit Feigen- und Kastanienbäumen geschmückten Ufer doch nicht so recht in dieses Klischee. Da werden schon eher Erinnerungen an den sonnigen Kanton Tessin oder gar ans ferne Urlaubsparadies Italien wach.

Und trotzdem befinden wir uns im Kerngebiet der Eidgenossenschaft, wurde doch hier – auf der Wiese des Rütli – 1291 der historische Bund des Schweizer Volkes besiegelt. Der See, von der Reuss gespeist, wurde nach den vier »Waldstätten« Uri, Schwyz, Unterwalden und Luzern benannt, diese hatten später wesentlich zur Entstehung der Schweizer Eidgenossenschaft vor über 750 Jahren beigetragen.

Zahnradbahn über den Wolken

Wenn im Herbst und Winter oft monatelang eine dicke Nebeldecke auf die Gemüter im Schweizer Mittelland drückt, ragt der 1797 m hohe Rigi wie eine Insel aus dem Wolkenmeer. Urlaubsgäste lassen es sich gut gehen und räkeln sich auf den besonnten Holzbalkonen ihrer Ferienhäuser, während man im hektischen Luzern mit Handschuhen und Mützen durch die eisig kalten und grauen Straßenschluchten eilt. Kein Wunder also, dass man seit dem 17. Jahrhundert den Rigi auch als »regina montium«, die Königin der Berge, bezeichnet. Und dies,

Nostalgie-Triebwagen BDhe 2/3 Nr. 6 bei -15° Celsius: Nach einer nächtlichen Januar-Brise sind die Tannen zu Eis erstarrt.

Im Sommer verkehrt manchmal der Verkehrshaus-Veteran H 1/2 Nr. 7, wie hier am 18. September 1997 anlässlich von »150 Jahren Schweizer Bahnen«.

obwohl der Gipfel weder eine Form wie das Matterhorn noch im bergsteigerischen Sinn etwas zu bieten hat. Doch die einzigartige Lage am Voralpenrand mit dem spektakulären Panorama zu den Gipfeln des Aare- und Gotthardmassivs hat schon früh so prominente Besucher wie Johann Wolfgang von Goethe, Mark Twain oder Felix Mendelssohn angelockt. Aber auch als Wanderberg ist Rigi seinen westlichen Nachbarn um eine Nasenlänge voraus. Die fünf Gipfel sind alle auf bequemen Wegen gefahrlos zu erreichen. Richtig berühmt wurde der Berg jedoch dank seiner Bergbahn, denn am 21. Mai 1871 konnte hier die erste Zahnradbahn Europas eröffnet werden. Mit ihr gelangt man in weniger als einer Stunde und völlig mühelos über die Wolken, wo angeblich die Freiheit grenzenlos sein soll.

Konkurrenz erwuchs für die neue Rigibahn-Gesellschaft nicht nur vom Pilatus, sondern in den eigenen Reihen. Bereits wenige Jahre nachdem der erste Dampfzug den Berg hinaufkraxelte, verlegten die bösen Konkurrenten ihre Schienen, um von Arth-Goldau aus – auf der anderen Seite des Rigi – dem gleichen Ziel zuzustreben. Während die Vitznau–Rigi-Bahn (VRB)

nur bis zur Kantonsgrenze auf Rigi Staffel fahren durfte, erreichte die Arth–Rigi-Bahn (ARB) im Jahre 1873 als Erste den Rigigipfel. Zwei Jahre später gelang es der VRB nach zähen Verhandlungen, eine Parallelstrecke bis zur Bergstation zu ziehen, musste aber fast ein Jahrhundert lang dafür einen stattlichen Pachtzins an die Konkurrenz in Arth-Goldau abliefern.

Weichen verbinden

Heute sind die Zeiten des harten Wettbewerbs auf dem Rigi längst vorbei. Nachdem am 12. Juli 1990 die erste Weiche zwischen VRB und ARB auf Rigi Staffel eingebaut wurde, kamen sich die beiden Bahngesellschaften näher. Marketing und der Bahndienst wurden mit der Zeit zusammengelegt, und schließlich fusionierten ARB und VRB im Mai 1992 zur Rigi-Bahnen AG (RB). Heute sind die ehemaligen Konkurrenten nur noch am unterschiedlichen Rollmaterial zu erkennen. Rot sind die Fahrzeuge der ehemaligen ARB, blau-weiss die Kompositionen der früheren ARB. Als ob die Initiatoren es damals schon geahnt hätten, wurden beide Bahnen mit einer Spurweite von 1435 mm gebaut.

Info

Anreise
Die Talstationen der beiden Zahnradbahnen befinden sich in Arth-Goldau (SBB-Schnellzug ab Luzern) und in Vitznau (Dampfschiff ab Luzern).

Betriebszeiten
Beide Zahnradbahnen verkehren während des ganzen Jahres.

Höhenunterschiede

Talstation Vitznau	435 m
Talstation Arth-Goldau	510 m
Bergstation Rigi-Kulm	1752 m
Höhenunterschied VRB	1317 m
Höhenunterschied ARB	1242 m

Attraktionen
- Felsentor; Bergsturztrümmer nahe der Station Romiti
- Panoramaplatz »Chänzeli« am Wanderweg Rigi Staffel–Rigi Kaltbad
- jährlich stattfindendes Dampf-Festival mit integrierter Fahrzeugparade, jeweils im Juli
- Nebelmeer über dem Vierwaldstätter See, meistens ab Oktober

Unterkunft
Im autofreien Erholungsort Rigi-Kaltbad findet man auf 1438 m sechs Hotels, darunter die Luxusherberge Hostellerie Rigi.

Karten
Landeskarte der Schweiz, 1:25 000, Blatt 1151 »Rigi«.

Infos
Rigi-Bahnen AG, CH-6354 Vitznau, Telefon: 041 / 399 87 87
Fax: 041 / 399 87 00
Internet: www.rigi.ch

Aussichten überzeugen, und die Lage macht dem Rigi auch nicht so schnell ein Nebenbuhler-Berg streitig. Hier staunen nicht nur Talbewohner, sondern auch Bergfinken. Und mit Hilfe des gezahnten Rades hat sich der Mensch den Berg gleich zweimal untertan gemacht – ob mit der roten Vitznau–Rigi-Bahn oder mit dem nostalgischen Holzwagen der Arth–Rigi-Bahn.

Wandern

TIPP 1
Rigi Kulm – Staffel – Staffelhöhe – Chänzeli – Rigi Kaltbad, 317 m bergab, 1 h Gehzeit

TIPP 2
Rigi Kaltbad – First – Heinrichshütte – Rigi Klösterli, 15 m bergauf, 151 m bergab, 1 h Gehzeit

TIPP 3
Rigi Kaltbad – Romiti – Heinrichshütte – Rigi Klösterli, 243 m bergab, 30 min Gehzeit

TIPP 4
Romiti – Felsentor – Bodenberg – Weggis, 760 m bergab, 1 h 30 min Gehzeit

TIPP 5
Rigi Kaltbad – First – Felsenweg – Schildhütte – Unterstetten – Seeweg – Rigi Scheidegg (Talfahrt nach Chräbel mit Luftseilbahn), 218 m bergauf, 1 h 45 min Gehzeit

Bahn-Attraktionen

Nicht nur Wanderer und Ausflügler kommen bei vielen Kilometern Wanderwegen auf ihre Kosten, auch Bahnfans pilgern jedes Jahr in Scharen auf den Rigi. Jeweils der Juli ist ein wichtiges Datum in ihrem Terminkalender, dann findet nämlich die jährliche Fahrzeugparade statt. VRB wie ARB verfügen über einen respektablen Fahrzeugpark mit vielen historischen Kostbarkeiten. Nebst zwei Dampflokomotiven (eine weitere steht betriebsbereit im Verkehrshaus der Schweiz und wird gelegentlich an ihrem Heimatberg eingesetzt) gibt es auch hölzerne Triebwagen, Schneeschleudern und weitere interessante Fahrzeuge zu bestaunen, die sich auf ihrer Fahrt zum Rigi Kulm natürlich auch fotografieren lassen. Das Schöne: Eine ganze Reihe von Wanderwegen führt entlang der Bahn, sodass man immer wieder Gelegenheit findet, neben der schönen Aussicht auch die interessanten Triebfahrzeuge der beiden Rigibahnen zu bewundern.

Bilderbuch-Idylle: grüne Wiesen, ein blaues Bähnchen, die rote Luftseilbahn, Berge, Seen und irgendwo ein Bergwirtschaft mit der Schweizer Fahne.

Pilatus: Die Steilste der Welt

Der 2128 m hohe Pilatus, Hausberg der Luzerner, birgt ein Geheimnis. Nicht die Geister der Verdammten hausen hier oben, wie dies im Mittelalter vermutet wurde, sondern die Gipfelpartie ist, unsichtbar für die Besucher, wie ein Emmentaler Käse durchlöchert. Tief im Innern des Berges gibt es eine streng geheime militärische Anlage, die natürlich auch nicht an dieser Stelle verraten werden darf.

Pontius Pilatus, der Richter Christi

Von 26 vor bis 36 nach Christus lebte der römische Statthalter Pontius Pilatus. Seine zwielichtige Berühmtheit erlangte er wegen seiner despotischen Regierung und der Beteiligung an der Hinrichtung Jesu. Pilatus wurde auf Verlangen der Juden abberufen, und bis heute bleibt ungelöst, ob der Prokurator durch Selbstmord starb oder von Nero hingerichtet wurde. Wie nun der wohl berühmteste Aussichtsgipfel am Alpennordrand zu seinem unrühmlichen Namen kam, ist eine lange und mysteriöse Geschichte. Während des frühen Mittelalters wurde erzählt, man habe den Leichnam von Pontius Pilatus in den Tiber geworfen, worauf sich aber große Wasserfluten erhoben haben sollen. Man holte die Leiche daher wieder herauf und versenkte sie bei Vienne in die Rhône. Doch auch hier trieb der Geist des Verdammten sein Unwesen, weshalb beschlossen wurde, den ehemaligen Statthalter in einem abgelegenen Alpenpfuhl zu versenken. Hier nun gab er einigermassen Ruhe. Nur alljährlich am Karfreitag lässt er sich angeblich in der Mitte des dunklen, geheimnisvollen Sees in der Oberalpsenke sehen. Wehe dem, der ihn zu Gesicht bekommt, er müsste innerhalb eines Jahres sterben – und wer einen Stein in den See wirft, würde den Geist so sehr erzürnen, dass ein schweres Gewitter über den Berg und die umliegenden Orte niedergehe.

Sind solche Geistergeschichten, die vor vielen hundert Jahren irgendwelche Abergläubische oder naturwissenschaftlich »Unwissende« in die Welt gesetzt haben, zum Lachen – oder gibt es tatsächlich Gespenster und Geister? Ein waschechter Engländer zweifelt keinen Augenblick an der Existenz von Geistern; diese spuken ja bekanntlich durch die britischen Schlösser. Und okkulte Mysterien-Serien haben vor dem Fernseher ihre eigene Fangemeinde.

Wandern

Tipp 1
Pilatus Kulm – Felsenweg – Tomlishorn, 65 m bergauf und bergab, 30 min Gehzeit

Tipp 2
Pilatus Kulm – Felsenweg – Esel, 56 m bergauf und bergab, 15 min Gehzeit

Tipp 3
Pilatus Kulm – Chilchsteine – Matt – Ämsigen – Obsee Wald – Alpnachstad, 1623 m bergab, 4 h Gehzeit

Tipp 4
Pilatus Kulm – Chilchsteine – Matthorn – Chilchsteine – Pilatus Kulm, 374 m bergab und bergauf, 2 h Gehzeit

Tipp 5
Pilatus Kulm – Heitertannli – Ober Lauelen – Lauelenegg – Fräkmüntegg (Talfahrt nach Kriens mit Luftseilbahn), 647 m bergab, 1 h 30 min Gehzeit

Der Wasserturm in Luzern, hinter der Stadt erhebt sich der Pilatus.

Fest steht jedenfalls, dass der Pilatus kein verwunschener Berg geblieben ist. Der Mensch hat ihn sich untertan gemacht, denn er wird gleich von zwei Seiten mit Bergbahnen erschlossen. Pilatus und Wasserturm mit Kapellbrücke in Luzern sind ein Gespann, das man selbst im fernen Japan kennt. Wer als Tourist die Schweiz besucht und etwas auf sich hält, unternimmt einen Abstecher auf den Gipfel. Am schönsten ist die Reise mit Schiff und Zahnradbahn. Gleich am Bahnhof besteigt man vielleicht einen der fünf Raddampfer, der über den Vierwaldstätter See bis zur Anlegestelle von Alpnachstad fährt. Schon von weitem erkennt man die steil ansteigende Trasse der Zahnradbahn, die in unmittelbarer Nähe der Schiffsanlegestelle ihren Ausgangspunkt hat. Hier haben

kühne Ingenieure ein respektables und sehenswertes Werk vollbracht, gilt doch der Pilatus mit seinem 48 % geneigten Gleis als steilste Zahnradbahn der Welt.

Bergbahnpioniere am Werk

Eduard Locher und Eduard Guyer-Freuler gehörten zu den Unentwegten, die im vorletzten Jahrhundert Visionen realisierten. Locher setzte sich an den Zeichentisch und entwarf eine Bahn, die nach den Ideen von Jules Verne einen Berg hinaufkletterte. Locher entwarf einen 60 cm hohen und 30 cm breiten Stahlbalken, auf dem eine merkwürdige Lokomotive stand, die sich auf zwei

Gewaltig erhebt sich vor der Kulisse des vielarmigen Vierwaldstätter Sees der Pilatus. Hier hat ein findiger Geist nach den Ideen Jule Vernes eine Bergbahn gebaut, deren Kühnheit alles bisher Dagewesene in den Schatten stellt.

Oben: Nichts für schwache Nerven – schon von weit unten entdeckt man die roten Triebwagen in der lotrecht abfallenden Felswand.
Unten: Der Pilatus aus der Vogelperspektive – die Felsen ragen steil aus der Voralpenlandschaft in die Höhe.

Oben: Tiefblick von der Trasse der Pilatusbahn zum Vierwaldstätter See mit Stans. Im Hintergrund die Zentralschweizer Alpen.
Unten: Schweizer Folklore auf dem Pilatus – das Alphorntreffen findet nicht jeden Sonntag statt, Jodler trifft man schon häufiger.

Info

Anreise

Die Talstation in Alpnachstad ist von Luzern aus entweder mit dem Schiff oder mit der SBB-Brünigbahn zu erreichen.

Betriebszeiten

Die Zahnradbahn verkehrt von Mitte Mai bis Mitte November.

Höhenunterschiede

Talstation Alpnachstad	440 m
Bergstation Pilatus Kulm	2063 m
Höhenunterschied	1623 m

Attraktionen

- Galerie-Rundweg; Tunnels und Aussichtsbalkone im Fels
- Schiebe- und Drehweichen auf der Trasse der Zahnradbahn
- Raddampfer-Zubringer auf dem Vierwaldstätter See
- Nebelmeer und gute Fernsicht, meistens ab Oktober

Unterkunft

Ein besonderes Erlebnis ist die Übernachtung im 2063 m hoch gelegenen Gipfelhotel Pilatus. Am Abend, wenn sich die Touristenschar verabschiedet hat, wird es still auf dem Berg – die richtige Zeit, um den Sonnenuntergang zu bewundern.

Karten

Landeskarte der Schweiz, 1:25 000, Blatt 1170 »Pilatus«.

Infos

Pilatus-Bahnen AG, Schlossweg 1, CH-6011 Kriens, Telefon: 041 / 329 11 11 Fax: 041 / 329 11 12 Internet: www.pilatus.com

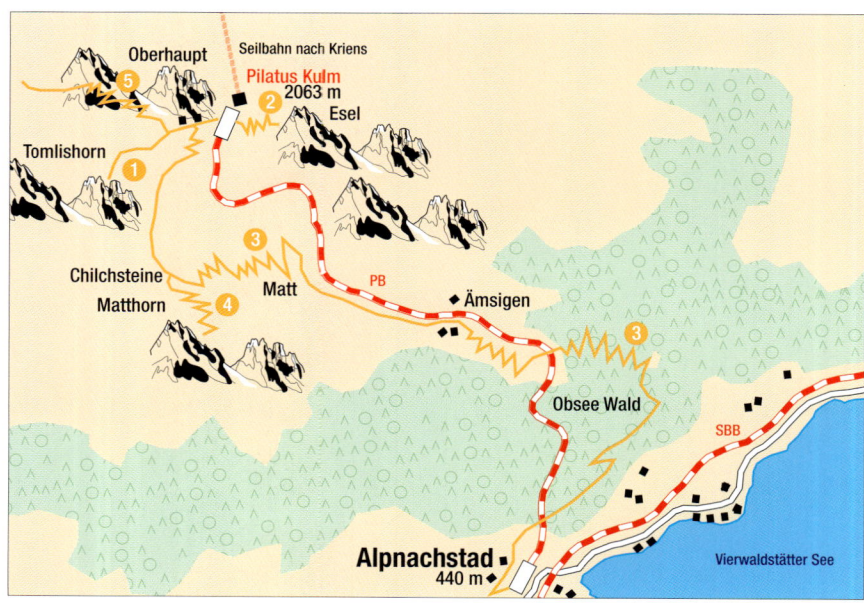

schräg verzahnten Zahnstangen fortbewegte. Die Anlage sah alle 5 m eine Stelze vor, sodass der Zug während der ganzen Fahrt über der Erde »schwebte«. Der Plan endete mit einem Konzessionsgesuch auf dem Tisch des Bundesrates, und ohne viel Federlesens erteilten Bund und Kanton die Zustimmung für dieses kühne Projekt. Doch es wurde nie verwirklicht. Die Einschienenbahn wich aus bis heute nicht geklärten Gründen einer beinahe konventionellen Zahnradbahn. Von dem früheren Projekt übernahm Locher die

Tiefblick auf Luzern und den Vierwaldstätter See vom Galerie-Rundweg aus.

Zahnstange mit dem horizontalen Zahnein-
griff. Die Fahrzeuge erhielten aber Gleis
und Räder, auch wenn die Spurbreite nur
80 cm beträgt.

Einiges Kopfzerbrechen verursachten allerdings die Weichen, die natürlich nicht
mehr im herkömmlichen Sinn betrieben
werden konnten. Zu diesem Zweck erfand
Tüftler Locher gleich noch ein neues System, das in seiner Art auf der Welt wohl ein-
zigartig ist. Erfolgt bei der Talstation in Alp-
nachstadt und bei der Mittelstation Ämsigen
die Weichenstellung noch durch eine Schiebebühne, so geht der Spurwechsel bei der
Bergstation in die dritte Dimension. Um aufs
richtige Gleis zu kommen, wendet der Be-
triebsleiter in der Bergstation die Weiche per
Knopfdruck. Einmal die Weiche um die eigene Achse gedreht, fährt der Zug aufs richtige Gleis. Noch beeindruckender als die ei-
genartigen Weichen ist die Trassenführung in
der Eselwand. Hier haben kühne Bauarbeiter
einen Kanal in den harten Fels gehauen, und
ausgerechnet an dieser Stelle – auf der einen
Seite der Schwindel erregende Abgrund, auf
der anderen der lotrechte Fels – erreicht die
Bahn ihre Rekordsteigung von 48 %, das sind
25,6 Grad. Doch man darf sich den roten
Bähnchen ohne Bange anvertrauen, denn
Unfälle gab's noch nie.

Felsenweg für Turnschuhtouristen

Nicht nur die Zahnradbahn darf das Prädikat
»kühn« in Anspruch nehmen – ein Rundweg löst bei den Besuchern auch regelmäßig
das »Ah- und Oh-Erlebnis« aus. Der Gale-
rie-Rundgang führt am Fels entlang rund
um das Oberhaupt, den 2106 m hohen Gipfel im Westen der Bergstation. Hier können
auch Ungeübte bequem und gefahrlos etwas
Gebirgsluft schnuppern, denn der Weg ist
breit und durch zahlreiche Tunnels und
Geländer gesichert. Über 1000 m unter
den staunenden Besuchern breiten sich der
Vierwaldstätter See und die Stadt Luzern

*Entlang der mächtigen Wand des Esels (2119 m) kraxeln die roten Triebwagen der Pilatus-
bahn zur mehrgleisigen Bergstation hinauf.*

aus, wenn diese nicht gerade unter einer Nebeldecke – oder noch häufiger, unter der
sommerlichen Dunstglocke – liegen. Einzige knifflige Passage: eine sehr steile Treppe
führt durch eine unterirdische Höhle.

*Nachfolgende Doppelseite: Dampfzug
kurz vor dem kuriosen Steffenbach-Klappviadukt.*

Furka: Dampf aus vollen Rohren

Sie rattern, keuchen, schnaufen und zischen auf ihrer steilen Fahrt zum Furka-Scheiteltunnel. Komfort wird auf den alten Holzsitzen nicht geboten – doch hierher kommen alle, um noch einmal das Dampfzeitalter aufleben zu lassen oder neu zu entdecken.

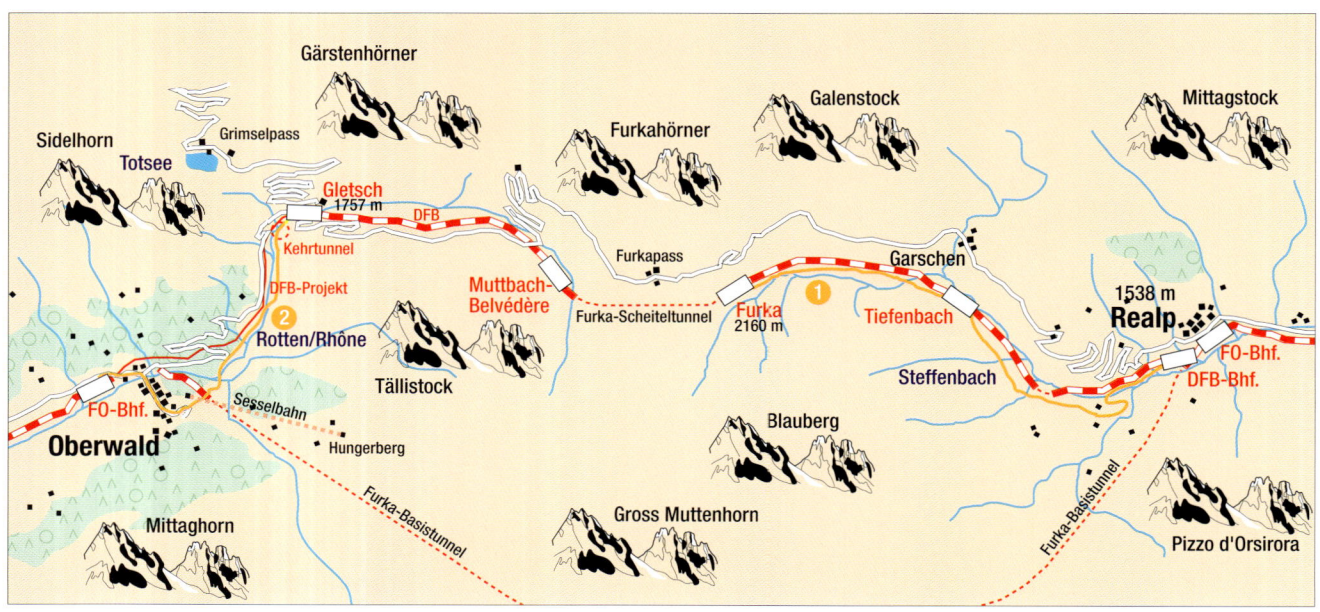

Wandern

TIPP 1

Station Furka – Garschen – Steinstaffel-viadukt – Station Tiefenbach – Steffenbachtobel – Laubgädern – Wileren – Realp, 622 m bergab, 1 h 30 min Gehzeit (Wanderweg mit attraktiven Fotostandorten entlang der DFB-Strecke)

TIPP 2

Station Gletsch – Kehrtunnel – Bärfel – St. Niklaus – Oberwald, 391 m bergab, 1 h Gehzeit (auf dieser Route fahren noch keine Züge, es sind jedoch mehrere interessante Ausblicke auf die künftige Strecke möglich)

Vorhergehende Doppelseite: Dampfzug kurz vor dem kuriosen Steffenbach-Klappviadukt.

Die Dampfbahn Furka–Bergstrecke (DFB) ist die jüngste Privatbahn der Schweiz. Sie verkehrt im Augenblick noch zwischen Realp im Kanton Uri und dem Walliser Verkehrsknoten Gletsch. Dazwischen überwindet sie den 2160 m hohen Kulminationspunkt unterhalb des Furkapasses. Schon in wenigen Jahren soll die DFB-Linie bis nach Oberwald im Obergoms, Wallis, verlängert werden, und zwar auf der Trasse der alten, 1981 aufgegebenen Bergstrecke der Furka–Oberalp-Bahn (FO).

Fronarbeiter an der Schwelle ins Wallis

Die DFB wurde 1985 als Aktiengesellschaft gegründet, um den drohenden Abbruch der alten Passlinie zu verhindern. Bis 1981 fuhren die Züge der Furka–Oberalp-Bahn (FO) noch über die Furka, mindestens in den Sommer- und Herbstmonaten. Jeweils im Oktober musste der Betrieb bis zum nächsten Frühjahr eingestellt werden. Dies sollte sich mit dem 1982 in Betrieb genommenen Furka-Basistunnel ändern, denn von nun an

konnte die Strecke Brig–Andermatt–Disentis ganzjährig befahren werden. Die Bergstrecke war damit dem Untergang geweiht, was einige Unentwegte nicht wahrhaben wollten. Sie gründeten 1982 einen Verein zur Rettung der Furka-Bergstrecke (VHB) und später, wie erwähnt, die DFB als Betriebsgesellschaft der neuen Bahn. Das »Erbe« der FO, die beinahe 18 km Schienen über den Pass mit einer Höhendifferenz von 622 m auf der Urner und 792 m auf der Walliser Seite, mit einem 1874 m langen Scheiteltunnel, einem Kehrtunnel, einer kuriosen Klappbrücke und vielen weiteren Kunstbauten befand sich in einem bedauernswürdigen Zustand. Seit 1985 sind deshalb jedes Jahr in den schneefreien Monaten Dutzende bis Hunderte von Freiwilligen an der Arbeit, um die Strecke wieder befahrbar zu machen. Dadurch wurde es möglich, bereits die drei Etappen Realp–Tiefenbach–Furka–Gletsch dem Betrieb zu übergeben. Nun möchte die DFB-Geschäftsleitung Sponsorenkontakte knüpfen, um die Arbeiten am letzten, 4,87 km langen Schienenabschnittes von Gletsch nach Oberwald voranzutreiben. Die Eröffnung der gesamten Furka-Bergstrecke ist frühestens für das Jahr 2006 geplant. Dampflokfreunde werden auch dazu aufgerufen, durch die Aktienzeichnung Mitbesitzer an dieser einmaligen Alpen-Schienenstrecke zu werden.

Dampflokomotiven aus Vietnam

Von Anfang an bestand die Absicht, auf der DFB-Zahnradstrecke nostalgische Dampfeisenbahnzeiten wieder aufleben zu lassen. Auf der Suche nach Dampflokomotiven ist man in Chur und Vietnam fündig geworden: im Bündnerland in Form einer Lokomotive der (Brig–)Visp–Zermatt-Bahn und im Fernen Osten kamen originale Maschinen der ehemaligen Brig–Furka–Disentis-Bahn (der Vorgängerin der FO) zum Vorschein, die 1990 in einer spektakulären Aktion in die Schweiz zurücktransportiert wurden. Die Aufarbeitung von vorerst zwei Dschungelmaschinen, die praktisch einem Neubau gleichkam, erfolgte im deutschen Reichsbahn-Ausbesserungswerk Meiningen. Seit 1992 verkehren die HG 2/3 Nr. 6 Weißhorn (ex BVZ), seit 1993 die HG 3/4 Nr. 1 Furkahorn und die Nr. 2 Gletschhorn

(beides Vietnam-Veteranen). Zwei weitere »echte« Vietnam-Dampfzahnradlokomotiven, die nie in der Schweiz gefahren sind, warten auf eine mögliche Revision – es sind die vierachsigen HG 4/4 Nrn. 11–12. Um sie wieder flott zu machen, werden noch Sponsoren gesucht.

Kuriose Bauwerke

Ungewöhnlich ist nicht nur der 600 m lange Zahnrad-Kehrtunnel unterhalb von Gletsch, in welchem der Zug 40 Höhenmeter gewinnt, sondern auch die Steffenbachbrücke zwischen Realp und Tiefenbach, die wegen der winterlichen Lawinengefahr jeden Herbst abgebaut und im Frühjahr wieder zusammengesetzt wird. Zu diesem Zweck gibt es sogar eine Montageanleitung des Ingenieurs Rudolf Dick, der das 36 m lange und 17 m hohe Bauwerk über den Steffenbachtobel für »nur« 19 500 Franken im Jahre 1926 erbaut hat. Das Unikat besteht aus drei etwa gleich langen Metallteilen. Das Mittelstück wird heruntergeklappt, und die beiden Endstücke werden zum Schutz vor alles vernichtenden Lawinen »eingezogen«.

Oben: Ein beliebtes Fotomotiv – das Steinstafel-Bogenviadukt.

Info

Anreise
Realp am Fuße des Furkapasses erreicht man von Göschenen (Nordportal des Gotthardtunnels) mit der Furka–Oberalp-Bahn (FO) via den Tourismusort Andermatt.

Betriebszeiten
Die DFB verkehrt jeweils von etwa Mitte Juni (je nach Schneeschmelze) bis Oktober.

Höhenunterschiede

Talstation Realp	1538 m
Talstation Gletsch	1757 m
Bergstation Furka	2160 m
Höhenunterschiede	622 / 403 m

Attraktionen
- Installationsplatz mit Lokremise und Drehscheibe in Realp
- Steffenbach-Klappbrücke
- Blick auf den Rhônegletscher nach dem Furka-Scheiteltunnel
- Kehrtunnel unterhalb von Gletsch (nur zu Fuß zu erreichen)

Unterkunft
Das ehemalige Grandhotel Glacier du Rhône steht direkt neben dem Bahnhof Gletsch und erinnert an die Gründungszeit der Berghotellerie (Telefon: 027 / 973 15 15).

Karten
Landeskarten der Schweiz, 1:25 000, Blätter 1231 »Urseren« und 1250 »Ulrichen«.

Infos
DFB AG, CH-3999 Oberwald,
Telefon: 027 / 973 33 75
Fax: 027 / 973 33 74
Internet: www.net4u.ch/dfbfurka

Oben: Mit der DFB in Gletsch angekommen, rückt der imposante Rhônegletscher ins Blickfeld.

Unten: Nach der Zwischenstation Tiefenbach geht es steil bergauf – die Lok macht mächtig Dampf, um die Steigung zu bewältigen.

Rechts: Schöne Wanderung im Gebiet der Wasserscheide Rhône/Aare, zum Beispiel der Grimselsee im eiszeitlichen Frühjahrskleid.

Brienzer Rothorn: Volldampf am Gipfel

Das Panorama in Richtung Sörenberg und Entlebuch – nicht minder reizvoll.

Schnaufend zockelt der Dampfzug durch die große S-Kurve bei Chüemad.

Eine Dampflok hört man schnauben und klopfen, ihr Geruch durchdringt die Kleidung, und die beweglichen Kuppelstangen, Lager und Kurbelzapfen faszinieren Groß und Klein. Eine Diesellok kann man dagegen nur noch hören und riechen – und bei den modernen, computergesteuerten Elektroloks ist der Geist der Maschine längst aus dem Kasten gewichen.

Einmal Dampflokführer »spielen«?

Wer hat nicht schon einmal davon geträumt, selber im Führerstand einer Dampflok Hand anzulegen – dort, wo Ventile noch Ventile sind und man die Zugkraft sieht, hört und riecht. Im Berner Oberländer Ferienort Brienz scheint das kein Problem zu sein, denn bei der Dampfzahnradbahn aufs Brienzer Rothorn werden jedes Jahr so genannte Dampf-Workshops angeboten. Zwar reicht das Seminar nicht aus, um die Prüfung als Lokomotivführer zu absolvieren, doch kann man sich tatkräftig als Heizer betätigen, dem Lokführer über die Schulter sehen, um allerlei Wissenswertes über die Funktion einer Dampflok zu erfahren. Dabei kommen über hundertjährige Dampflokveteranen zum Einsatz, die andernorts längst in den Museen stehen – am Brienzer Rothorn aber noch fahrplanmäßige Züge befördern. An den Kursen können maximal zehn Personen teilnehmen. Wer sich von der Schweiß treibenden, anstrengenden Arbeit nicht abschrecken lässt, hat gute Chancen, die Heizerprüfung abzulegen und anschliessend auch auf öffentlichen Fahrten die Kohleschaufel zu betätigen. Die Teilnehmer kommen übrigens aus allen erdenklichen Berufsgruppen – und neben dem »Lok-Latein« zählten natürlich auch Kameradschaft und Geselligkeit. Wer sich den Bubentraum am Brienzer Rothorn erfüllen möchte, muss sich rechtzeitig anmelden, denn die Dampf-Workshops sind von Interessenten aus allen Gesellschaftsschichten immer gut besucht. Die Telefonnummer findet man in der Infobox dieses Kapitels oder im Kursbuch, Strecke 475.

Aussichtswarte an der Hochalpen-Peripherie

Ausgangspunkt für eine Fahrt aufs Brienzer Rothorn ist der Bahnhof Brienz, wo keinen Steinwurf entfernt auch das Dampfschiff Lötschberg anlegt und die dampfbetriebenen Sonderzüge der Brünigbahn verkehren. Hier beginnt die 8 km lange Strecke aufs 2244 m hohe Brienzer Rothorn (Bergstation; der eigentliche Gipfel ist 2349 m hoch). Die 1892 erbaute Zahnradbahn überwindet dabei einen Höhenunterschied von stattlichen 1678 m – und dies bei einer beachtlichen Maximalneigung von 250 ‰.

Es gibt Berge, die durch ihre Form bestechen. Allein schon ihr Anblick ist eine Reise wert. Das Brienzer Rothorn zeichnet sich dagegen eher als schlichter, unauffälliger Berg aus. Umso atemberaubender ist der Blick vom 2349 m hohen Gipfel. Dort, wo die Grenzen der Kantone Bern, Luzern und Obwalden zusammentreffen, präsentieren sich die Berner Oberländer Schnee- und Eisriesen im Blickfeld. Kein Wunder also, dass schon im 18. Jahrhundert vornehme Reisende in mühsamen Wanderstunden den Gipfel erklommen haben.

Die einmalige Aussicht trug dazu bei, das Rothorn weit über die Landesgrenzen hinaus bekannt zu machen. Bei klarem Wetter kann man hinter dem Mittelland und dem Jura den Schwarzwald und die französischen Vogesen erkennen – ebenso die Rheinebene, welche diese beiden Gebirgszüge trennt. Im Nordosten ist der Säntis auszumachen, im Südwesten die Diablerets. Bis zum Horizont erstrecken sich die majestätischen Gipfel des Berner Oberlands. Ein besonderes Schauspiel bietet das Brienzer Rothorn jeweils bei Sonnenauf- und Sonnenuntergang, wenn die Paradeberge Titlis, Finsteraarhorn, Eiger, Mönch und Jungfrau von der tief stehenden Sonne vergoldet werden. Es liegt nahe, dass auf einem solchen Aussichtsberg auch ein gemütliches Berg-

hotel zu finden ist, wo zahlreiche Besucher aus dem In- und Ausland dem unvergesslichen Naturschauspiel beiwohnen.

Moderne Dampfloks

Die Dampftraktion hat Zukunft, sagte die Schweizerische Lokomotiv- und Maschinenfabrik Winterthur (SLM) und richtete eine Konstruktionswerkstätte für neue Dampflokomotiven ein. Diese benötigen weder Kohle noch Heizer, werden über die Steckdose vorgeheizt und dampfen genauso wie die beliebten Veteranen. Gleich mehrere Zahnradbahnen zeigten Bedarf, und so erhielt auch die Brienz–Rothorn-Bahn (BRB) in den Jahren 1992–96 die drei nigelnagelneuen Dampflokomotiven H 2/3 Nrn. 12, 14 und 15. Des Rätsels Lösung: Der Kessel wird mit einem Ölbrenner aufgeheizt. Die durch zerstäubtes Heizöl erzeugten Verbrennungsgase erreichen eine Temperatur von 1500 °C. Die vom Wasser umspülten Rauch- und Siederohre erzeugen den Dampfdruck, der die Kolben in Bewegung bringt und für viel Schubkraft sorgt.

Technik zum Anfassen – was gut läuft, muss geschmiert und geölt werden. Computergesteuerte Umrichterlokomotiven sind am Brienzer Rothorn verpönt. Über 100-jährige Veteranen und blutjunge Dampfkameraden stellen hier im harten täglichen Einsatz »ihren Mann«.

Nach einer langen Fahrt auf harten Holzbänken freut man sich, wenn endlich der Gipfel erreicht ist. Im Sommer kann es auf 2244 m angenehm kühl sein – die beste Reisezeit ist jedoch der Herbst, wenn die Fernsicht jeden Besucher überwältigt. Unten: Das Rothorn von der Rückseite aus betrachtet.

Wandern

TIPP 1

Brienzer Rothorn – Ober Staffel – Greesgi – Planalp, 903 m bergab, 2 h Gehzeit (Talfahrt nach Brienz mit der Zahnradbahn)

TIPP 2

Brienzer Rothorn – Eisseesattel – Arnihaagen – Schönbüel – Turren, 182 m bergauf und 982 m bergab, 3 h 30 min Gehzeit (Talfahrt nach Lungern mit der Luftseilbahn)

TIPP 3

Brienzer Rothron – Eisseesattel – Chäseren – Wilerhorn – Wiler – Brünigpass, 156 m bergbauf und 1242 m bergab, 5 h Gehzeit, nur für gute Berggänger (Rückfahrt mit der SBB-Brünigbahn)

TIPP 4

Planalp – Egg – Gäldried – Obwang – Rauenhag – Tannen – Brienz, 775 m bergab, 2 h Gehzeit, schattiger Talweg mit weiteren BRB-Fotopunkten

So eine Dampflok muss natürlich aufgetankt werden. Die Zwischenstation Planalp ist deshalb nicht in erster Linie als Zusteigestation für müde Wanderer gedacht, sondern als »Verschnaufpause« für die Dampflokomotiven, die hier Wasser bunkern müssen. Ist der Kessel nach wenigen Minuten voll, kann es weitergehen – dazwischen nützt der eine oder andere Reisende die Zeit für einen Schnappschuss von den Lokomotiven – oder den Heizern, die ihre »Feuerrösser« schmieren und ölen. Während ihrer etwa 50-minütigen Fahrt klopft und keucht die Dampfmaschine unentwegt, was vielen Passagieren zum ersten Mal im Leben ein völlig neues Fahrgefühl vermittelt. So können sich auch Kinder über die lärmende Lokomotive erfreuen, die in der Lage ist, bis zu zwei schwere Wagen die steile Zahnradstrecke mit sechs Tunnels, vier Unterführungen und 14 Brücken hinaufzuschieben. Die älteren

Maschinen aus den Dreißigerjahren schaffen höchstens einen großen und einen kleinen Wagen, die über 100-jährigen Dampfloks aus der Gründerzeit versucht man so weit als möglich zu schonen. Die Fahrt geht im Zickzackkurs den Berg hinauf, immer wieder hat man einen schönen Ausblick auf Strecke und Bergwelt.

Die Dampftechnik der ehemaligen SLM hat in der neu gegründeten Firma Winpro überlebt – die Schweizerische Lokomotiv- und Maschinenfabrik dagegen nicht. Sie wurde vom Rollmaterialgiganten Adtranz übernommen, dessen Schweizer Werk inzwischen von der Deutschen Muttergesellschaft teilweise stillgelegt wurde. Selbst Großdampflokomotiven wie die 52'8055 der Eisenbahnfreunde Zollernbahn (EFZ) wurden inzwischen auf die Ölfeuerung umgebaut. Die kleine Lokschmiede in Winterthur hat große Pläne, denn in Osteuropa und im fernen Indien gibt es einen Bedarf für neue, wirtschaftliche und umweltschonende Dampflokomotiven – doch die Zukunft des Betriebes ist ungewiss.

Bei den neuen Maschinen entfällt auch das zeitraubende Vorheizen der Lokomotiven. Nach etwa drei Tagen sind die gut isolierten »Feuerrösser« kalt, sodass ein elektrisch betriebenes Hilfsaggregat nötig wird. An dieses angeschlossen, wird die erforderliche Betriebstemperatur per Knopfdruck und Zeitschaltuhr erreicht. Der Lokomotivführer übernimmt dann am Morgen die bereits startklare Maschine. Obwohl die Brienz–Rothorn-Bahn auch drei Diesellokomotiven (Hm 2/2 Nrn. 9–11) besitzt, sind diese beim Publikum nicht beliebt. Jeder, der aufs Brienzer Rothorn reist, wünscht sich doch, in einem Dampfzug zu fahren. Dies war auch der Grund, weshalb die innovativ denkende Direktion der BRB keine weiteren Diesellokomotiven anschaffte, sondern mitunter auch der Rollmaterialindustrie den Ansporn zur Neukonstruktion von Dampflokomotiven gab.

Foto-/Dampfwanderung

Die erlebnisreiche Fahrt mit zwei Vorstellwagen, die bis zu 120 Passagiere fassen, bringt den Wanderer zum Ausgangspunkt einer empfehlenswerten Tour. Mitbringen muss man dazu etwas Kondition, griffige Bergschuhe und natürlich die Fotokamera. Von der Bergstation der Rothornbahn geht's in vielen langgezogenen Kehren den exponierten und steilen Südhang hinunter, wobei die Schienen der Zahnradbahn gleich mehrmals gekreuzt werden. Keine Angst, den vorbeifahrenden Zug zu verpassen: Schon von weitem erkennt man die Rauchfahne, und die Fahrgeräusche hallen von den Felswänden als Echo zurück. Es lohnt sich, bei einem oder mehreren Niveauübergängen auf einen Zug zu warten, denn es ist ein eindrucksvolles Schauspiel, wenn die schnaubenden Loks praktisch im Schritttempo den Berg hinaufkeuchen. Nach den bahnhistorischen Pausen erreicht der Wanderer die Alphütten von Greesgi. Wer spürt hier nicht seine Knie? Ein Trost für geschundene Wanderbeine: Bis zur Mittelstation Planalp ist es von hier aus nicht mehr weit!

So genannte Fleckenhäuser in Blockbauweise und mit Geranienschmuck im Talort Brienz.

Info

Anreise
Nach Brienz, am Ostende des Brienzer Sees, gelangt man von Interlaken aus mit der SBB-Brüniglinie oder mit dem Schiff.

Betriebszeiten
Die Zahnradbahn verkehrt von Juni bis Oktober.

Höhenunterschiede

Talstation Brienz	566 m
Bergstation Rothorn	2244 m
Höhenunterschied	1678 m

Attraktionen
- fünf echte alte Dampfloks mit den Baujahren 1891/92 und 1933/36
- drei moderne, ölgefeuerte Dampflokomotiven, die der Laie kaum von den »Alten« unterscheiden kann
- wer im Berghotel übernachtet, kann spätabends und frühmorgens Steinböcke beobachten.
- Dampf-Workshops für Bahn-Fans
- Dampfschiff Lötschberg auf dem Brienzer See

Unterkunft
Im Berghotel Brienzer Rothorn gibt es Zimmer und Massenlager. Die Übernachtung im Angesicht des Panoramas ist ein grandioses Erlebnis.

Karten
Landeskarte der Schweiz, 1:25 000, Blatt 1209 »Brienz«.

Infos
Brienz–Rothorn-Bahn AG, Depot, CH-3855 Brienz, Telefon: 033 / 951 44 00 Fax: 033 / 951 38 06 Internet: www.brienz.ch

Schynige Platte: Nostalgie ist Trumpf

Regnet es stark, so kann es durchaus vorkommen, dass der Wilderswiler Hausberg, die 2100 m hohe Schynige Platte, zum »schynen« kommt – ein Berner Oberländer Mundartausdruck, der für »rutschen« steht. Und damit ist auch schon erklärt, wie der von unten eher unscheinbar wirkende Berg zu seinem Namen kam.

Wilderswil am Eingang des Lütschinentals liegt in der weltberühmten Jungfrauregion, unweit des Kurorts Interlaken. Angst vor Erdrutschen braucht hier niemand zu haben, denn die Schynige Platte ist ein beliebter Ausflugsberg mit vielen schönen Wanderwegen und einer Zahnradbahn, die schon mehr als hundert Jahre bis auf wenige Meter unterhalb des Gipfels führt. Die Erdrutsche haben sich bisher eher im Kleinformat bemerkbar gemacht, und zwar in den unzugänglichen Runsen und Gräben des Schynige-Platte-Massivs. Der Wilderswiler Keil bildet den Abschluss einer Bergkette, die den Brienzer See vom Tal der Schwarzen Lütschine trennt.

Bahnfahrt im Angesicht der Viertausender

Am Bahnhof von Wilderswil ist während der Sommersaison meist viel los. Von Interlaken und Zweilütschinen kommend, treffen hier die Züge der Berner-Oberland-Bahnen (BOB) ein, dahinter befinden sich die Gleisanlagen der Schynige-Platte-Bahn (SPB). Die Reise beginnt gleich am Ausgang des Fahrzeugdepots, dort stehen die alten Holzwagen und Eisenlokomotiven, die schon zur Gründerzeit auf die Schynige Platte gerattert sind. Viel Komfort darf man auf den harten Holzsitzen während der etwa 50 Minuten dauernden Fahrt nicht erwarten – aber hierher kommt niemand, um bequem zu sitzen. So steht denn auch das Nostalgieerlebnis im Vordergrund. In einer Zeit der klimatisierten Intercityzüge bietet ein rumpelnder Holzwagen eine willkommene Abwechslung. Dies ist auch der Grund, weshalb die Jungfraubahnen, zu welchen auch die SPB gehört, nicht auf modernes Rollmaterial umgestellt haben.

Die Reisenden kommen von überall her – Holland, Japan, England, Deutschland, Amerika – und freuen sich, wenn es endlich losgeht. Auf den ersten 100 m verläuft die Trasse der Zahnradbahn parallel zu jener der Berner-Oberland-Bahn. Die Züge der SPB wirken nicht nur kleiner, sie sind es auch: 800 mm Spurweite im Vergleich zu 1000 mm (BOB). Gleich nach der Lütschinenbrücke trennen sich die beiden Trassen. Die Zahnradbahn zweigt links ab und holpert die steilen Hänge von Gsteigwiler hinauf. Bevor der kleine Zug im dichten Laubwald verschwindet, erkennt man auf der rechten Seite das hübsche Berner Oberländer Bauerndorf. Im Fuchseggwald kreuzen sich die bergwärts

Rechte Seite: Alp Bigelti am Ausgang des »Aah- und Ooh-Tunnels« – hinter der alten Elektrolok mit den beiden Vorstellwagen erhebt sich das 2100 m hohe Gumihorn.

Linke Seite: Die Dampflok H 2/3 Nr. 5 (Baujahr 1894) kommt leider nur selten vor einem Extrazug zum Einsatz. Das Foto entstand am 7. August 1993 im Fuchseggwald.
Oben: Das Gipfelpanorama an einem dunstigen Sommertag.

Oben: Die Dampflok wird auch zu Dienstfahrten benötigt, wenn jedes Frühjahr die Fahrleitung montiert werden muss.
Unten: Grandiose Panoramaschau auf die Berner Alpen mit Eiger, Mönch und Jungfrau, Finsteraarhorn und Schreckhorn.

Info

Anreise

Wilderswil am Eingang des Lütschinentals wird via Bern, Thun und Interlaken Ost mit der Bahn erreicht.

Betriebszeiten

Die Schynige-Platte-Bahn (SPB) verkehrt während der Sommersaison von ca. Juni bis Oktober.

Höhenunterschiede

Talstation Wilderswil	584 m
Bergstation Schynige Platte	1967 m
Höhenunterschied	1383 m

Attraktionen

– Elektrolok-Veteranen aus den Jahren 1910–14 sowie Nostalgiewagen aus der Gründerzeit von 1893
– eine Dampflok von 1894 steht für Sonderfahrten sowie für die Demontage und Montage der Fahrleitung im Herbst bzw. Frühjahr bereit.
– großartiger Aussichtspunkt auf knapp 2000 m, inklusive Blick auf das Dreigestirn mit Eiger, Mönch und Jungfrau

Unterkunft

Hotels in Wilderswil oder das etwas spartanisch eingerichtete Berghaus auf der Schynige Platte

Karten

Landeskarte der Schweiz, 1:25 000, Blätter 1228 »Lauterbrunnen« und 1229 »Grindelwald«.

Infos

Direktion Jungfraubahnen, Harderstraße 14, CH-3800 Interlaken
Telefon: 033 / 828 71 11
Fax: 033 / 828 72 64
Internet: www.jungfrau.ch

mit den talwärts fahrenden Zügen. Signale oder gar eine Zugsicherung gibt es hier nicht, denn gefahren wird im besseren Schritttempo. Eine Besonderheit sind auch die im Konvoi fahrenden Züge. Es sind jeweils bis zu drei Kompositionen unterwegs, die auf Sichtkontakt fahren. Damit das Personal der kreuzenden Züge an der Ausweichstelle weiß, wie viele Züge es abwarten muss, tragen alle im Konvoi fahrenden Kompositionen mit Ausnahme des letzten am Schluss eine grün-weiß gestreifte Aufsteckscheibe, die signalisiert, dass noch ein Zug folgt. Die Lok fährt aus Sicherheitsgründen immer auf der Talseite, der Zugbegleiter steht im vorderen der beiden Wagen.

Trasse an steilen Schieferfelsen

Die 7,2 km lange Strecke zwischen Wilderswil und der Schynige Platte weist eine Höhendifferenz von 1383 m auf. Dabei werden vier Tunnels durchquert, ferner sind vier eiserne und sechs steinerne Brücken vorhanden. Nach dem Kehrtunnel im Fuchseggwald folgen bis zur Mittelstation noch zwei weitere Kehren. Unterhalb von Breitlauenen, wo sich erneut die Züge kreuzen, hat man endlich die Waldgrenze hinter sich gelassen, und es folgt der eigentlich sehenswerte Teil der Fahrt. Nach der Abfahrt von Breitlauenen – übrigens eine beliebte Zusteigestation für Wanderer – wechselt der Zug erneut die Richtung, und die Blicke schweifen über Interlaken, den Brienzer und Thuner See bis hinunter zum Niesen, der markanten Bergpyramide über Spiez. Inzwischen haben die Laubbäume den Tannen Platz gemacht, und nach einem weiteren Kehrtunnel erreicht der Zug die Alp Bigelti, ein beliebter Fotostandort für Eisenbahnfans. Doch hier erhascht man auch zum ersten Mal einen Blick auf das berühmte Dreigestirn mit Eiger, Mönch und Jungfrau – und auswärtige Besucher brechen an dieser Stelle regelmässig in verzückte »Aah«- und »Ooh«-

Rufe aus. Die Trasse schmiegt sich auf den letzten Kilometern eng an die steilen Schieferfelsen, und nach einer letzten Kehre ist das Ziel erreicht.

Wandern

TIPP 1

Schynige Platte – Alp Bigelti – Breitlauenen, 425 m bergab, 1 h Gehzeit (Talfahrt nach Wilderswil mit der Zahnradbahn)

TIPP 2

Panorama-Rundweg: Schynige Platte – Tuba – Oberberghorn – Louchera – Iselten/Oberberg – Schynige Platte, 154 m bergauf und bergab, 2 h 20 min Gehzeit (Talfahrt nach Wilderswil mit der Zahnradbahn)

TIPP 3

Schynige Platte – Oberberg – Loucherahorn – Egg – Männdlenen – Faulhorn – Bachsee – First, 765 m bergauf und 513 m bergab, 4 h 30 min Gehzeit, nur für gute Berggänger (Rückfahrt mit der Gondelbahn nach Grindelwald hinunter und mit der Berner-Oberland-Bahn nach Wilderswil)

Die beiden Lokomotiven He 2/2 Nr. 19 (rechts) und Nr. 16 (links) warten in der Bergstation auf ihren nächsten Einsatz.

Jungfraujoch: Begegnung mit den Eisriesen

Seit einigen Jahren verkehren zwischen Lauterbrunnen, Wengen und Kleiner Scheidegg vier moderne Niederflur-Gelenktriebwagen.

Die unterirdischen Trümmelbachfälle befinden sich am Fuß der Kleinen Scheidegg und sind einen Besuch wert.

Spektakuläre Erlebnisse bietet die lange, aber lohnende Reise aufs Jungfraujoch, den höchsten mit einer Eisenbahn in Europa zu erreichenden Punkt (3454 m). Dies haben längst auch die Besucher aus Übersee erkannt, und so gehört zu einer Schweizer Reise auch immer die »Pilgerfahrt« aufs aussichtsreiche Jungfraujoch. Weitsichtigen Bahnpionieren sei Dank, denn die Jungfraubahn-Aktie floriert.

Bunte Züge, majestätische Berge

Wer es liebt eine typische Schweizer Landschaft mit kleinen hübschen Eisenbahnen auf den Film zu bannen, kommt in der Jungfrauregion auf seine Kosten. Die Farbpalette ist reich: blau, weiss und grün ist die Land-schaft – grün, gelb, dunkelrot, braun und blau ist die Eisenbahn. Um sich im Dschungel der verschiedenen Bahnen zurecht zu finden, muss man sich aber erst einmal orientieren. Fast jede Reise aufs Jungfraujoch beginnt im Bahnhof von Interlaken Ost – wer mit dem Auto anreist, findet in Grindelwald Grund zahlreiche Parkplätze. Der Bahnhof von Interlaken Ost wird gleich von drei Eisenbahnlinien bedient: Von Bern treffen die Intercity der SBB und BLS-Lötschbergbahn ein, von Luzern fährt die SBB-Brünigbahn nach Interlaken Ost. Wir aber steigen in die braun-gelben Schmalspurzüge der Berner-Oberland-Bahnen (BOB) und fahren über Zweilütschinen nach Grindelwald. Dort steigen wir in eine noch kleinere Eisenbahn um, in die gelb-grünen Wagen der Wengernalp-Zahnradbahn (WAB). Sie führt erst einmal abwärts nach Grindelwald Grund, wo auch die besagten Automobilisten zusteigen. Hier beginnt auf schmaler Spur (800 mm) der Aufstieg in Richtung Kleine Scheidegg. Die Zeit vergeht wie im Flug, denn das Landschaftsbild ist so abwechslungsreich, wie es ein Schweiz-Reisender erwarten darf. Haben wir bei Alpiglen erst einmal die Baumgrenze erreicht, werfen wir mit Sicherheit einen Blick auf die berühmt-berüchtigte Eiger-Nordwand, die sich uns in voller Eindrücklichkeit präsentiert. Sie gilt noch heute unter Bergsteigern als Herausforderung, und schon viele Kletterer haben hier ihr Leben gelassen. Bei genauem Hinsehen entdecken wir vielleicht die kleinen Fenster in der Eigernordwand. Sie gehören zu einem kuriosen Aussichtsbahnhof der Jungfraubahn, den wir später noch erreichen werden. Erst einmal heißt es aber auf der Kleinen Scheidegg (2061 m) erneut umsteigen. Vom gelbgrünen Zug wechseln wir in die rot-gelbe oder die ganz neue, dunkelrote Zahnradbahn. Sie fährt wieder auf einem 1000-mm-Gleis, sodass keine durchgehenden Züge von Interlaken über Grindelwald bzw. Wengen aufs Jungfraujoch möglich sind.

Endloser Tunnel

Nach einem nochmals sehr schönen Kletterabschnitt mittels Zahnstange folgt nach der Station Eigergletscher der langweilige Teil der Reise, denn der Zug verschwindet im 7222 m langen Tunnel, den Bahnpioniere im vorletzten und letzten Jahrhundert während

16 langer Jahre in mühsamer Handarbeit gebohrt haben. Die Höhepunkte der Tunnelfahrt sind die beiden Haltestellen Eigerwand und Eigergletscher. Dabei spielt sich etwa Folgendes ab: Platz mit Kleidungsstück besetzen, die Kamera nicht vergessen, nach draußen eilen und das Objektiv an die Fensterscheibe pressen. Bei der Station Eigergletscher entdeckten wir in der Tiefe die Bahntrasse, auf der wir zuvor gefahren sind. Und schon kann die Rekordfahrt aufs Jungfraujoch weitergehen. Endlich oben, spürt man deutlich die dünnere Luft – Leuten mit Herzproblemen wird von einem Besuch der 3454 m hohen Aussichtsloge abgeraten. Eine Reihe von Attraktionen warten auf die Touristen: Eispalast, Sphinx, Gletscherplateau, Schlittenhunde und eine Tonbildschau. Wer das ganze Programm absolviert hat, setzt sich wieder in den Zug und rollt erneut durch den Tunnel. Doch diesmal erscheint er länger, Müdigkeit macht sich bei den Reisenden breit. Ist es vielleicht der Höhenunterschied? Dagegen hilft nur eine Wanderung im Angesicht der majestätischen Berge. Wir steigen also an der Station Eigergletscher aus, nachdem der Zug endlich aus dem lästigen Tunnel gefahren ist, und bummeln zur Kleinen Scheidegg hinunter. Das macht munter, und so lässt sich der Rest der Rückreise über Wengen und Lauterbrunnen nach Interlaken Ost wieder genießen. Wer noch weiter wandern mag, nimmt den »Eigertrail« unter die Füße; Ziel ist in diesem Fall die Station Alpiglen.

Wandern

TIPP 1
Station Eigergletscher – Fallboden – Kleine Scheidegg, 259 m bergab, 45 min Gehzeit

TIPP 2
Kleine Scheidegg – Wengernalp – Allmend – Wengen, 786 m bergab, 2 h Gehzeit

TIPP 3
Kleine Scheidegg – Inberg – Honegg – Gummi – Männlichen, 168 m bergauf, 1 h 30 min Gehzeit (Talfahrt mit der Gondelbahn nach Grindelwald)

TIPP 4
Alpiglen – Brandegg – Wärgistal – Grindelwald Grund, 673 m bergab, 1 h 30 min Gehzeit

TIPP 5
Station Eigergletscher – Eigertrail – Alpiglen (eindrucksvoller Bergweg unmittelbar am Fuß der Eiger-Nordwand) 704 m bergab, 2 h Gehzeit

Eine phantastische Aussichtswarte offenbart sich den Besuchern im Sphinx-Observatorium, 111 m über der Bahnstation.

Die Rekordfahrt aufs Jungfraujoch – die Bahn bezwingt dabei 2510 Höhenmeter – lohnt sich besonders im Herbst, wenn sich nicht mehr so viele Touristen zwischen Alphornbläsern und Bernhardinerhunden tummeln. Dann kehrt Stille in den Bergen ein, und man hat Muße für die letzten Altjahrs-Wanderungen.

Info

Anreise
Ins Gletscherdorf Grindelwald am Fuße des Eigers gelangt man mit der Bahn via Interlaken Ost.

Betriebszeiten
Wengernalpbahn (WAB) und Jungfrau-bahn (JB) verkehren ganzjährig.

Höhenunterschiede

Talstation Grund	944 m
Bergstation Jungfraujoch	3454 m
Höhenunterschied	2510 m

Attraktionen
– Sphinx-Observatorium, zugänglich über einen 111 m langen Lift
– Eispalast
– Aussichtsplattform auf den Großen Aletschgletscher
– Polarhunde auf dem Gletscher-plateau (Möglichkeit zu Schlitten-hundefahrten)
– Eigertrail am Fuße der Nordwand

Unterkunft
Grindelwald und Wengen bieten eine Vielzahl Übernachtungsmöglichkeiten: vom Fünfsterne-Haus bis zur gemütli-chen Jugendherberge am Waldrand. Ein Geheimtipp ist das einfache Hotel des Alpes auf der Kleinen Scheidegg (Tel. 033 / 855 12 12).

Karten
Landeskarte der Schweiz, 1:25 000, Blatt 1229 »Grindelwald«.

Infos
Jungfraubahnen AG, Harderstraße 14, CH-3800 Interlaken,
Telefon: 033 / 828 71 11
Fax: 033 / 828 72 64
Internet: www.jungfrau.ch

Oben: Wanderparadies Jungfrauregion – über 100 km Wege werden unterhalten.
Rechte Seite: Die historischen Rowan-Züge sind mit Holz verkleidet.
Nachfolgende Doppelseite: Zwei Doppeltriebwagen BDhe 4/8 mit Steuerwagen.

Metro: Mit der »Ficelle« an den See

Lausanne, die Hauptstadt des Kantons Waadt (französisch: Vaud), liegt am sonnigen Nordufer des Genfer Sees und bildet – zusammen mit Genf – das geistige und kulturelle Zentrum der französischsprachigen Schweiz. Sie ist reich an Museen und Sehenswürdigkeiten, beherbergt eine angesehene Universität sowie eine Technische Hochschule und weitere Fachschulen, sie ist Sitz der Bundesgerichts, und alljährlich findet das »Comptoir Suisse«, eine bedeutende Schweizer Messe, statt.

Die schönsten Beine der Schweiz

Dass Lausanne eine sehr hügelige Stadt ist, merkt man schnell, vor allem wenn man den Stadtrundgang am Ufer des Genfer Sees beginnt. Dort liegt der mondäne Vorort Ouchy, ein ehemaliges Fischerdorf, wo sich

in römischer Zeit ein stark frequentierter Hafen befand. Sicherlich ist das ehemalige Expo-Gelände beim Schloss Vidy sehenswert, dem Sitz des Internationalen Olympischen Komitees. Nach einem Rundgang durch die Überreste der römischen Hafenstadt Lousanna kann man zur mittelalterlichen Stadt hinaufsteigen, die auf den Hügeln oberhalb des Lac Léman angelegt wurde, um sie besser verteidigen zu können. Als der Bischof der Helvetier seine Residenz in Aventicum (Avenches) aufgeben musste, baute er in diesem Stadtteil Lausannes ein Schloss, das heute der Regierungssitz ist, und eine Kathedrale, die 1275 in Anwesenheit von Kaiser und Papst eingeweiht wurde und als eines der schönsten Bauwerke der Frühgotik in der Schweiz gilt. Will man die Altstadt mit verschiedenen Plätzen und zahlreichen interessanten Bauwerken weiter erforschen, so muss man viele Treppen, z. B. die gedeckte Markttreppe, hinauf- und hinun-

Die Zahnradbahn im neuen weiss-blauen Farbkleid. Insgesamt stehen drei kleine Lokomotiven zur Verfügung.

Am Hafen von Lausanne-Ouchy legt auch das Dampfschiff »La Suisse« an.

tersteigen. Und vom vielen Treppensteigen haben – so behauptet wenigstens der Volksmund – die Mädchen von Lausanne die schönsten Beine in der Schweiz. Doch es geht natürlich auch bequemer!

»La Ficelle« – die Stadt-Metro

In Lausanne-Flon – mitten im verkehrsreichen Herzen der Stadt – befindet sich nämlich der Bahnhof für drei Metro-Linien. Als Metro M 1 wird die TSOL, die normalspurige Tramway du Sud-Ouest Lausannois, bezeichnet, die als jüngste Bahnlinie der Schweiz Lausanne mit Rennes verbindet und dabei z. B. den Universitätsbezirk erschließt. An gleicher Stelle beginnt die Metro M 2, die nach Ouchy führt und von den Einwohnern »La Ficelle«, »die Schnur«, genannt wird. Diese Bezeichnung hat ihren Ursprung in der Tatsache, dass die knapp 1,5 km lange Linie 1877 als erste normalspurige Standseilbahn der Schweiz eröffnet wurde. Bei einer grundlegenden Modernisierung im Jahre 1958 erfolgte der Umbau in eine Zahnradbahn, doch an der Ausweich-

stelle Montriond erkennt man noch deutlich die ursprüngliche Ausgestaltung. Mit einem Gefälle von 120‰ überwindet die Bahn, die fünf Haltestellen, u.a. auch den SBB-Bahnhof, bedient, einen Höhenunterschied von 105 m. Den Plandienst mit einer dichten Zugfolge leisten jeweils zwei dreiteilige Kompositionen, die aus einer kleinen Zahnradlok mit Gepäckabteil und zwei bergseits vorgestellten Steuerwagen bestehen. Eine dritte Lok und ein fünfter Wagen stehen in Reserve. Von Lausanne-Flon bis kurz vor die Ausweichstelle verläuft die Strecke in einem Tunnel, anschließend in einem Einschnitt, den einige Straßen auf Brücken überqueren. Die Werkstätte und das Depot befinden sich in Ouchy.

1879 wurde eine zweite Standseilbahn, die »Petite Ficelle«, eröffnet, die zwischen Gare CFF und Centre Ville im Montbenon-Tunnel als zweite Spur westlich der Metro verläuft. Diese Linie wurde 1954 gleichfalls in eine Zahnradbahn umgebaut, auf der zwischen 6.30 Uhr und 20.00 Uhr ununterbrochen ein Triebwagen pendelt. Die 296 m lange Strecke weist einen Höhenunterschied von 31 m und ein Gefälle von 127‰ auf.

Rochers de Naye: Felsbastion überm See

Ein Hauch von Mittelmeer mit Palmen und mildem Seeklima umgibt Montreux, die Schweizer Riviera. Im letzten Jahrhundert von reichen Ausländern als Ferienort entdeckt, hat Montreux inzwischen Weltruhm erlangt. Die städtisch anmutende Siedlung würde kaum Touristen anziehen, wenn sie nicht ihre mit Palmen gesäumte Seepromenade im Westen und die steil aufragenden Felsenberge im Osten aufweisen könnte.

Kletterpartie zwischen Wald und Fels

Montreux (395 m) wurde bereits 1861 ans Schweizer Schienennetz angeschlossen und erlebte damit einen ersten Wachstumsschub. Heute beherbergt der Bahnhof drei verschiedene Bahnen mit drei unterschiedlichen Spurweiten: die Schweizerischen Bundesbahnen (SBB) an der internationalen Strecke Genf–Lausanne–Brig (Spurweite 1435 mm), die Montreux–Oberland Bernois (MOB) mit Ziel Zweisimmen (Spurweite 1000 mm) und die Bergbahn Montreux–Glion–Naye (MGN), die mit Hilfe eines Zahnrads die von unten scheinbar unbezwingbare Felsbastion über dem Genfer See erklimmt (Spurweite 800 mm).

Wir entscheiden uns für eine Fahrt auf schmälster Spur und steigen in einen der vier modernen Gelenktriebwagen mit der Typenbezeichnung Beh 4/8. Bei großem Andrang kommen auch seine kleinen Schwestern, die Beh 2/4 zum Einsatz, von welchen die MGN noch sechs Stück besitzt. Für Sonderfahrten oder auch an schönen Sonntagen im Planbetrieb fahren die Nostalgielokomotiven (HGe 2/2 Nr. 2–3) mit Baujahr 1909 oder die neue Dampflokomotive mit Vorstellwagen aus dem Zeitalter der Belle Epoque auf den Gipfel.

Nach der Abfahrt unterquert der Zug zunächst einmal in einem Tunnel die Stadt und kommt hinter den letzten Häusern wieder zum Vorschein, wo ein kleiner Viadukt über die aus dem Tal rauschende Baye de Montreux führt. Wenig später klettert die Bahn bereits steil die Waldflanken östlich der Touristenmetropole empor, auf der rechten Seite entdecken wir zwischen den Bäumen den Genfer See. Die Standseilbahn Territet–Glion kreuzt unsere Trasse, und nach dem Kehrtunnel von Valmont erreichen wir ebenfalls Glion auf 689 m. Glion gilt als bevorzugter Wohnort mit einer phantastischen Panoramasicht über den See. Kurioserweise wurde zunächst die Strecke Glion–Rochers de Naye fertiggestellt. Nach Glion gelangten die Besucher mit der bereits erwähnten Standseilbahn. Erst 17 Jahre später, nämlich am 8. April 1909, erfolgte die Eröffnung der Anschluss-Zahnradbahn Montreux–Glion. Nach kurzem Halt in Glion steuert die Zahnradbahn ihrem nächsten Ziel, dem 1054 m hoch gelegenen Chaletdorf Caux zu.

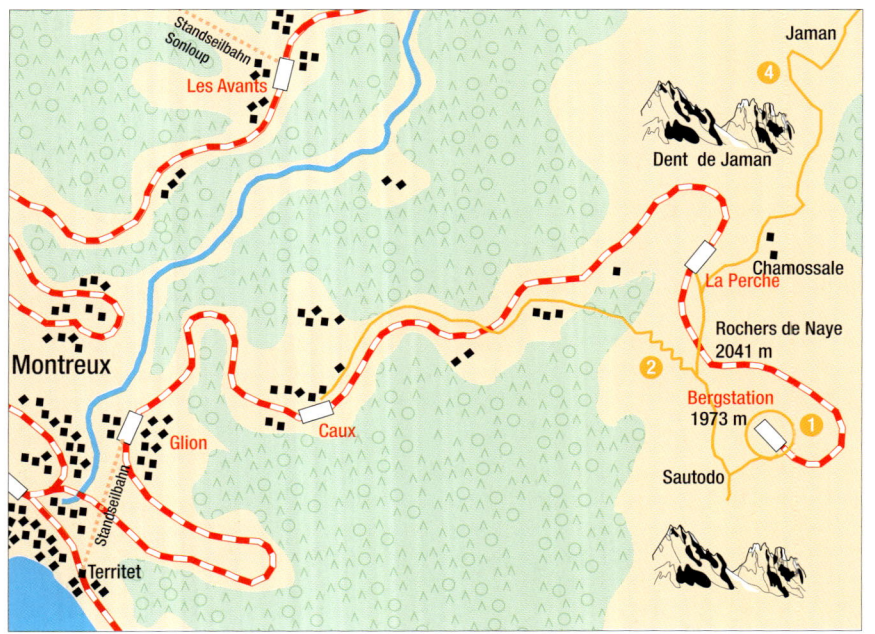

Rechte Seite: Für den Dampfzug, der häufig zwischen Caux und der Bergstation pendelt, ist ein Dampfzuschlag zu entrichten.

Fels, Tunnels und Gallerien unterhalb der Bergstation Rochers de Naye.

Auf der ganzen Strecke wackelt der Zug über die oft sehr unebenen Gleise. Dies sorgt an einigen Stellen bei den Passagieren für etwas Nervenkitzel, doch keine Sorge, die Bahn verkehrt sicher und pünktlich.

Hier oben ist die Aussicht auf den Genfer See und die Savoyer Alpen so schön, dass wir am liebsten gleich aussteigen würden, um ein wenig an diesem herrlichen Ort zu verweilen. Doch Sitzenbleiben lohnt sich, denn die Bahn klettert weiter und weiter – durch Tannenwälder, über Alpweiden und dann an den ersten Felsen vorbei bis auf eine Höhe von knapp 2000 m. Noch sechsmal könnte man bis zur Endstation unterhalb des Gipfels aussteigen, doch fast alle Passagiere fahren bis ganz hinauf, wo der Zug auf einem doppelschienigen Abstellgleis, das in ein Fahrzeugdepot führt, endlich stehen bleibt. Nach knapp einstündiger Fahrt ist das Ziel erreicht.

Ein gewaltiger See

Nachdem wir uns etwas umgeblickt haben, bieten sich verschiedene Möglichkeiten. Wir können zum Beispiel den 2041 m hohen Gipfel besteigen. Die gegen Norden mit Gras bewachsene Rochers de Naye wird in einer guten Viertelstunde erreicht, 68 Höhenmeter müssen zurückgelegt werden. Attraktiv ist auch das Panorama-Restaurant Plein-Roc – es klebt regelrecht an der Westwand der Felsbastion und wird über einen 220 m langen Tunnel erreicht. Vom reich gedeckten Tisch aus blicken wir über die riesige Fläche des Genfer Sees, der leider

Wandern

TIPP 1
Rochers de Naye – Alpengarten »La Rambertia« – Rochers de Naye, 1 h inkl. Studium der Pflanzen

TIPP 2
Rochers de Naye – Sautodo – Chamossale – Crêt-d'y-Bau – Caux, 919 m bergab, 2 h 30 min Gehzeit (Talfahrt mit der Zahnradbahn)

TIPP 3
Rochers de Naye – Sautodo – Chamossale – Montagne d'Amont, 215 m bergab, 1 h 15 min Gehzeit (Talfahrt mit der Zahnradbahn)

TIPP 4
Rochers de Naye – Sautodo – Chamossale – Montagne d'Amont – Jaman – Les Cases, 862 m bergab, 3 h Gehzeit (Rückfahrt nach Montreux mit der MOB ab Les Cases)

manchmal im Dunst oder vor allem im Herbst unter einer dicken Nebeldecke verschwindet. Mit einer Fläche von 581 km² gilt der Genfer See als zehntgrößter europäischer Binnensee. In Westeuropa führt er gar die Rangliste an, dicht gefolgt vom nur 42 km² kleineren Bodensee. Der Lac Léman, wie der Genfer See auf Französisch heißt, ist der einzige natürliche See am Flusslauf der Rhône. Jedes Jahr schwemmt der Fluss über 300 000 m³ Geröll und Sand in das Seebecken. Vom Gipfel aus überblicken wir auch die Mündung bei Villeneuve, wo im Naturschutzgebiet Les Grangettes viele seltene Vogelarten und Pflanzen eine Heimat gefunden haben. Früher soll sich der Genfer See noch viel weiter das Rhônetal aufwärts ausgedehnt haben. Das Geschiebe aus den Alpen hat jedoch das Tal aufgefüllt, und bis in 200 000 Jahren, so rechnen sich Geologen aus, soll sogar der ganze Lac Léman damit zugeschüttet sein. Wir haben also noch etwas Zeit, die schöne Aussicht auf den See und die umliegenden Berge zu genießen.

Unten: Zwischenstation Glion.

Info

Anreise
Nach Montreux am Genfer See gelangt man am schnellsten mit den SBB von Bern via Lausanne.

Betriebszeiten
Ganzjähriger Betrieb; von Ende Oktober bis Mitte Dezember jedoch nur am Wochenende.

Höhenunterschiede
Talstation Montreux	395 m
Bergstation Naye	1973 m
Höhenunterschied	1578 m

Attraktionen
- Felsen-Restaurant Plein-Roc mit einer grandiosen Aussicht auf den Genfer See
- eine moderne, ölgefeuerte Dampflokomotive, die der Laie kaum von einer »Alten« unterscheiden kann
- 1000 Pflanzenarten im Alpengarten »La Rambertia«
- Palmen an der Seepromenade und Dampfschiffe auf dem Genfer See
- Schloss Chillon, zu erreichen mit der Standseilbahn Glion–Territet

Unterkunft
Hostellerie de Caux, schöner Berggasthof am Fuße der Rochers de Naye (Telefon: 021 / 963 76 08).

Karten
Landeskarte der Schweiz, 1:25 000, Blatt 1264 »Montreux«.

Infos
Office du Tourisme de Montreux, Rue du Théâtre 5, CH-1820 Montreux
Telefon: 021 / 962 84 84
Fax: 021 / 963 78 95
Internet: www.montreux-mountain.ch

Mit dem letzten Zug ins Tal fahren und den Sonnenuntergang am Genfer See erleben – oder sich wie Oma und Opa anno dazumal fühlen und mit dem Belle-Epoque-Zug zu schlossähnlichen Hotelbauten rumpeln. Oder einfach nur über die sich am Horizont abzeichnende Silhouette aus Bergkämmen und Gipfeln staunen.

Les Pléjades: Über dem Genfer See

Der Aussichtspunkt Les Pléjades (1397 m) besticht mit einem fantastischen Rundblick auf den Genfer See einerseits und auf die umliegende Bergwelt andererseits. Von Vevey aus bietet er sich als Tagesausflug an, zumal im Sommer wie im Winter verschiedene Sportangebote bestehen: Para- und Deltaflüge, Wanderungen – auch auf relativ leichten und schönen Rundwegen –, Skifahren (Abfahrt und Langlauf) sowie Snowboarden.

Eine sehenswerte Stadt am Genfer See

Vevey, das eine lange Siedlungsgeschichte aufweist und in römischer Zeit eine Straßenstation an der wichtigen Verbindung Burgund–Grosser St. Bernhard–Piemont war, ist nicht nur der Hauptsitz eines weltweit operierenden Konzerns der Lebensmittelbranche, sondern besitzt auch eine ganze Reihe von Sehenswürdigkeiten und Museen, die einen Besuch lohnen. Besonders erwähnenswert dürfte das Schweizer Kameramuseum sein, das in einem außergewöhnlichen Rahmen, der historische und zeitgenössische Architektur vereinigt, die Geschichte der Fotografie und der damit zusammenhängenden technischen Entwicklungen zeigt.

Ursprünglich zwei Bahngesellschaften

Am 1. Oktober 1902 nahm die Chemin de fer électriques Veveysans (CEV) ihren Betrieb auf den reinen Adhäsionsstrecken Vevey –Blonay–Chamby und St-Légier–Châtel-St-Denis auf, und am 8. Juli 1911 folgte die reine Zahnradbahn Blonay–Les Pléjades. 1950 fusionierten die beiden Bahngesellschaften zur CEV, die heute zur »Groupe MOB«, also zur Montreux–Oberland-Bernois-Bahn gehört. Im Rahmen einer grundlegenden Modernisierung wurden am 21. Mai 1966 die Strecken St-Légier–Châtel-St-Denis und Blonay–Chamby geschlossen; von ersterer zeugt noch ein Abstellgleis in St-Légier-Gare, letztere wurde bereits zwei Jahre später von der Chemin de fer-

Wandern

TIPP 1
Einfacher Rundwanderweg ohne größere Höhenunterschiede: Les Pléjades – Prantin – Les Pléjades, etwa 90 min Gehzeit

TIPP 2
Talwanderung: Les Pléjades – Châtel-St-Denis, knapp 600 m bergab, 2 h 40 min Gehzeit

TIPP 3
Talwanderung: Les Pléjades – Montreux, 1000 m steil bergab, 4 h 10 min Gehzeit

Narzissenfelder so weit das Auge reicht. Um die faszinierenden Alpenblumen vor den Besuchern zu schützen, wurden sie auf Les Pléjades sogar eingezäunt.

Der moderne »Train des Etoilles« (Sternenzug) alias Beh 2/4 Nr. 71 und Bt Nr. 224. Das Fahrzeug wurde nach einem Brand aus einem älteren Triebwagen umgebaut.

musée Blonay–Chamby (BC) als erste Museumsbahn der Schweiz mit einer speziellen kantonalen Bewilligung wieder in Betrieb genommen. Die Museumszüge, die von Dampf- oder Elektroloks geführt werden und Fahrzeugmaterial aus den Jahren von 1874 bis 1935 umfassen, verkehren vor allem an Wochenenden von Ende Mai bis Ende Oktober und sind einen Besuch wert. In dieser Zeit ist auch das Eisenbahnmuseum in Chamby geöffnet.

Die Meterspurstrecke der CEV beginnt im SBB-Bahnhof von Vevey, führt zunächst an der Veveyse entlang und steigt dann durch die Weinberge nach Blonay (620 m) mit seinem sehenswerten Schloss empor. Immer wieder bietet sich ein schöner Blick auf den Genfer See, und an mehreren Bahnhöfen beginnen Wanderwege, beispielsweise nach Châtel-St-Denis, Chexbres oder Vevey zurück. In Blonay fängt der 4,8 km lange

Zahnstangenabschnitt an, der mit einer maximalen Neigung von 200 ‰ zum Aussichtspunkt Les Pléjades hinaufführt. Vom Zug aus, der nun durch Wälder und über Alpweiden fährt, bietet sich ein ständig wechselnder Blick in die umliegende Bergwelt bzw. auf den Genfer See und seine Ufer. Lally, der letzte kleine Ort vor der Endstation, bietet neben Skiliften auch Verpflegungs- und Übernachtungsmöglichkeiten an, während es auf Les Pléjades selber nur noch Restaurants gibt.

Die Gesamtstrecke wird von zweiteiligen Kompositionen befahren, von denen eine anlässlich des Winzerfestes »Fête des Vignerons«, das alle 25 Jahre in Vevey stattfindet, völlig umgebaut und mit einem futuristischen Design ausgestattet wurde. Die Zwischenzüge Vevey–Blonay werden mit modernen Niederflur-Gelenktriebwagen ohne Zahnradantrieb geführt.

Info

Anreise
Vevey liegt an der Hauptlinie Lausanne –Brig (Kursbuchstrecke 100) und ist Haltepunkt sämtlicher Züge mit Ausnahme der Cisalpini, was bei den Schnellzügen einen Halbstundentakt ergibt.

Verkehrszeiten
Die CEV (Kursbuchstrecke 112) bedient die Gesamtstrecke zwischen 6 Uhr und 19 Uhr praktisch im Stundentakt; dazwischen verkehren vor allem werktags Züge auf dem Streckenabschnitt Vevey–Blonay.

Höhenunterschiede
Talstation Vevey	383 m
Bergstation Les Pléjades	1397 m
Höhenunterschied:	1014 m

Attraktionen
- fantastische Aussicht auf das Alpenpanorama
- ganzjährig Para- und Deltaflüge
- Standseilbahn Vevey–Mt. Pèlerin (weiterer Aussichtspunkt)

Unterkunft
In Vevey gibt es zahlreiche Hotels in verschiedenen Kategorien. In Blonay und Lally sind gleichfalls Übernachtungsmöglichkeiten vorhanden.

Karten
Landeskarte der Schweiz, 1:25 000, Blatt 1244 »Châtel-St.-Denis«.

Infos
Office du Tourisme de Vevey, Grand Place 29, CH-1800 Vevey
Telefon: 021 / 922 20 20
Fax: 021 / 922 20 24
Internet: www.veveytourism.ch

Die Reise beginnt am Ufer des Genfer See, einem der grössten Binnengewässer Europas. Je höher die Bahn steigt, desto mehr verändert sich das Landschaftsbild. Anstelle der Vorgärten treten Bergweiden, und Narzissenfelder erfeuen das Auge. Doch Les Pléjades ist auch im Winter eine Reise wert – und dies nicht nur wegen der malerisch verschneiten Laubwälder in Blonay.

Leysin: Weintrau- ben neben dem Gleis

Bereits in der zweiten Hälfte des 19. Jahrhunderts erlangte das kleine Leysin eine gewisse Bekanntheit als Luftkurort. Er liegt klimatisch günstig auf einer Höhe von 1250 m in einem Seitental des Rhônetales. Um den Ort besser zu erschließen, wurde vor rund 100 Jahren eine kurze, aber recht steile Nebenbahn gebaut.

Aigle – interessant für Wein- und Bahnkenner

Das Städtchen Aigle liegt rund 12 km vom Genfer See entfernt auf einer Höhe von 417 m am Rande des Rhônetales, genauer gesagt, am Ausgang des Ormonttales, das vom Grande Eau durchflossen wird. Beherrscht wird der Ort von einer stattlichen Festung, die im 13. Jahrhundert errichtet wurde und bis 1798 Residenz der bernischen Landvögte war. Heute befinden sich in dem Schloss ein sehenswertes Wein- und Rebbaumuseum und drei Säle für Empfänge, Konferenzen und Bankette. Gegenüber dem Schloss liegt das Zehntenhaus, das

ein internationales Etikettenmuseum, das Restaurant Pinte du Paradis und den Weinkeller des Chablais beherbergt, wo man Weine aus der Region verkosten und typische Mahlzeiten einnehmen kann.

Für Eisenbahnfreunde ist Aigle an der internationalen Simplonlinie Lausanne–Brig–Domodossola deshalb höchst interessant, weil auf dem Bahnhofsvorplatz drei, ursprünglich voneinander unabhängige Meterspurlinien beginnen: die Aigle–Leysin-Bahn (AL) mit einem beige-braunen Fahrzeugpark, die Aigle–Sépey–Diablerets-Bahn (ASD) mit blau-weißen Zügen und die Aigle–Ollon–Monthey–Champéry-Bahn (AOMC) mit rot-weiß lackierten Fahrzeugen. Wenn sich die Bahnen im Stundentakt treffen, um die Anschlüsse an die normalspurige Hauptbahn herzustellen, ergibt sich ein farbenprächtiges Bild, das durch speziell gestaltete Fahrzeuge, zum Beispiel offene Aussichtswagen, erweitert wird. Heute sind die drei Bahnen zu den »Transports publics du Chablais« (TPC) zusammengeschlossen, um Synergien zu nutzen, denn die wirtschaftliche Situation sieht insgesamt nicht so rosig aus.

Erst Straßen-, dann Zahnradbahn

Als die AL im Jahre 1900 eröffnet wurde, fand auf dem ersten rund 1 km langen Abschnitt Straßenbahnbetrieb statt, der allerdings 1946 bei einer grundlegenden Modernisierung aufgehoben wurde. Auch heute rollen die Züge noch in gemütlichem Tempo über die Rue de la Gare, kreuzen die stark befahrene Rue des College und haben auf der Avenue des Ormonts die Haltestelle »Place du Marché«. Ob man diese Streckenführung als sehenswertes Relikt aus alten Zeiten oder als unerträgliches Verkehrshindernis ansieht, kommt sicher auf den Blickwinkel des Betrachters an, doch lohnt sich die kleine Stadtrundfahrt, die beim Depot der AL endet, das am

Eine Komposition der Aigle–Leysin-Bahn (AL), bestehend aus dem Triebwagen BDeh 4/4 Nr. 302 und dem Steuerwagen Bt 352 oberhalb von Aigle Depot.

Oben: Der fotogenste Viadukt oberhalb von Leysin Village – mit Triebwagen BDeh 2/4 Nr. 203 und Güterwagen K 84.
Unten: Mit der Gondelbahn gelangt man bequem auf den Panoramaberg La Berneuse.

Die Züge verkehren im Konvoi, dass heißt auf Sichtkontakt – bei dem geringen Tempo ist das problemlos möglich.

Wandern

TIPP 1

Bergwanderweg La Berneuse – Le Temeley (Höhendifferenz 340 m), dann in Richtung Lac de Mayen und wieder Bergwanderweg nach Les Esserts (Höhendifferenz 370 m), 2h 30 min Gehzeit

TIPP 2

Wanderweg Lac de Mayen – Le Temeley – Aussichtspunkt Prafandaz (Höhendifferenz 260 m), von dort direkt nach Leysin oder über den Aussichtspunkt La Grande Crevasse und Prélan; die Strecken sind auch für Mountainbikes möglich, 4h Gehzeit

Im Spätherbst steigt unterhalb von Leysin Nebel aus dem Rhônetal auf.

Stadtrand inmitten von Weingärten liegt. Im Depot müssen alle Züge »Kopf« machen, denn nun beginnt die Bergstrecke, die an der westlichen Talflanke nach Leysin hinaufführt. Mit einer Zahnstange nach dem System Abt wird auf dem 5 km langen Streckenabschnitt mit einer maximalen Neigung von 230 ‰ eine Höhendifferenz von rund 1000 m überwunden. Aus Sicherheitsgründen befinden sich die Triebwagen immer talwärts und schieben ihre Steuerwagen den

Berg hinauf. Die Geschwindigkeit beträgt bei der Bergfahrt bis zu 25 km/h, bei der Talfahrt nur 15 km/h.

Die Strecke verläuft zunächst in den Weinbergen und gibt einen schönen Blick in das Rhônetal frei. Später ist sie mit zwei kleineren Tunneln in einen Mischwald eingebettet, wo sich auch der Haltepunkt Remaz befindet, wo die meisten Zugkreuzungen stattfinden. In Leysin Village, der ersten von

findet sich die Bahnlinie im Kanton Waadt, französisch »Vaud«, was »Waldland« heißt.

Leysin – ein Winter- und Sommersportort

Der Ort bietet hervorragende Voraussetzungen für ein Höhentraining. Demenstsprechend werden sehr viele Sportarten angeboten, von Klettern über Schwimmen und Aérobic bis hin zu sämtlichen Ballsportarten, und die Eisbahn ist zehn Monate im Jahr geöffnet. Die nötige Infrastruktur mit Mehrzweckhallen, Hallenbad, Tennisplätzen sowie Hotels und anderen Unterkünften in verschiedenen Kategorien ist ebenfalls vorhanden. Spazier- und Wanderwege mit unterschiedlichen Schwierigkeitsgraden sowie Mountainbike-Strecken erweitern das Angebot.

In einem zehnminütigen Fußmarsch gelangt man vom Bahnhof Leysin Feydey zur Talstation zweier Gondelbahnen, von denen die eine in zehn Minuten auf den Aussichtsberg La Berneuse (2048 m) fährt, die andere gleichfalls zehn Minuten zum Lac de Mayen (1842 m) braucht. Im Drehrestaurant auf La Berneuse kann man neben erlesenen Speisen eine fantastische Aussicht genießen. Der futuristische Glasbau ist gleichzeitig Ausgangspunkt schöner Bergwanderungen in die Region rund um Leysin. Übrigens geistern in den Köpfen der Leysiner Bergler immer noch die Pläne, ihre Zahnradbahn bis La Berneuse zu verlängern. Dies wäre sicher eine wünschenswerte Innovation, denn Zahnradbahnen werden heute eher durch Seilbahnen – als umgekehrt – ersetzt. Außerdem ist der Fußmarsch bis zur Gondelbahn nicht jedermanns Sache.

Schließlich gibt es eine Busverbindung nach Le Sépey, wo eine andere Schmalspurbahn, die ASD, ihre Fahrgäste über die längste Spitzkehre der Schweiz entweder nach Les Diablerets oder zurück nach Aigle bringt – ein lohnender Abstecher!

vier Haltestellen, über die das Dorf verfügt, beginnt ein Doppelspurabschnitt, der 1915 errichtet wurde, bis Leysin Feydey reicht und den Bau eines imposanten, 200 m langen Bruchsteinviadukts nötig machte. Dieses Bauwerk bestimmt ebenso das Ortsbild wie die grossen Hotels. In Feydey verschwindet der Zug in einem längeren Tunnel, der bis zum Endpunkt, Leysin Grand Hôtel, reicht. Dieser unbediente Bahnhof liegt inmitten eines Waldes, schließlich be-

Info

Anreise
Aigle liegt an der Hauptlinie Lausanne – Brig (Kursbuchstrecke 100) und ist Haltepunkt sämtlicher Züge mit Ausnahme der Cisalpini.

Verkehrszeiten
Die AL (Kursbuchstrecke 125) verkehrt das ganze Jahr zwischen 5.00 und 22.00 Uhr praktisch im Stundentakt.

Höhenunterschiede

Talstation Aigle:	417 m
Bergstation Leysin:	1451 m
Höhenunterschied:	1034 m

Attraktionen
- Drehrestaurant auf La Berneuse
- ganzjährig Paragleiten
- hervorragende Winter- und Sommersportangebote

Unterkunft
Sowohl Aigle als auch Leysin weisen zahlreiche Hotels und andere Unterkünfte in verschiedenen Preiskategorien auf. In Leysin können Pauschalangebote »Sport + Unterkunft« gebucht werden. Wer nicht gerne in einem »Hotelkasten« schläft, hält sich an das Hotel »Le Grand Chalet« – einen hübschen Holzbau (Telefon: 024 / 494 11 36).

Karten
Landeskarten der Schweiz, 1:25 000, Blätter 1284 »Monthey« und 1285 »Les Diablerets«.

Infos
Leysin Tourisme, Case postale 100, CH-1854 Leysin
Telefon: 024 / 494 22 44
Fax: 024 / 494 16 16
Internet: www.leysin.ch

Bretaye: Mit dem Salonzug auf den Pass

Traumhafte Naturkulisse am Lac des Chavonnes. Der auf 1690 m gelegene Bergsee ist nur zu Fuß erreichbar. In einer Bergwirtschaft kann man sich verpflegen.

Wandern

TIPP 1

Bretaye – La Chamossaire – kleiner Abstieg hoch über dem Lac Noir – Hochmoor bei Les Lagots – Lac des Chavonnes, 116 m bergab und bergauf, 1 h 15 min Gehzeit, auch mit dem Kinderwagen geeignet (etwas staubige Straße)

TIPP 2

Bretaye – Bouquetins – Teise-Joux – Col de Soud, 282 m bergab, 1 h Gehzeit, schöne Wanderung entlang der Zahnradbahn (besonders für Eisenbahnfans empfehlenswert, Rückfahrt ab Col de Soud)

TIPP 3

Bretaye – La Case – Ensex – Col de la Croix – Tréchadèze (Bergweg nicht Autostraße benützen!) – Le Jorat – Aigue Noir – Les Diablerets, 644 m bergab, 4 h Gehzeit, schöne Höhenwanderung (Rückfahrt mit der ASD nach Aigle und mit dem Bus nach Bex)

Auch die französischsprachige Westschweiz besitzt ihre Zahnradbahnen. Fast noch ein Geheimtipp ist das Bähnchen, das vom Ferienort Villars zum 1806 m hoch gelegenen Waadtländer Col de Bretaye führt. Villars, auf 1253 m gelegen, ist ein hübsches Dorf im Schweizer Chaletstil. Selbst die größeren Appartementhäuser wirken nicht störend. Den Architekten ist es gelungen, den Dorfcharakter zu erhalten und einen Ort zu schaffen, in dem man sich sofort wie zu Hause fühlt.

Zwischen Lift und See

Im Gegensatz zur Rochers de Naye oberhalb von Montreux ist der Col de Bretaye kein Panoramaplatz mit Rundumsicht. Die Bahn erschließt ein in einem Bergeinschnitt gelegenes Skigebiet, das vor allem während der Wintersaison viele Sportler anzieht. Entsprechend sieht es auf dem Pass auch aus: überall unschöne Sesselbahnschneisen, Masten, Kabel, planierte Wiesen. Wäre hier nicht auch ein Ausgangspunkt für schöne Wanderungen, würde wohl kaum ein Sommertourist auf den Col de Bretaye fahren. Das Gebiet wird im Norden vom Ormont-Dessus und im Süden vom unteren Rhônetal begrenzt. Im Westen erhebt sich das vergletscherte Massiv der Diablerets (3209 m), wo bis weit in das Frühjahr hinein Ski gefahren werden kann. Ganz im Süden grüßt die gleissende Haube der Dents du Midi (3257 m).

Seit dem 18. Dezember 1913 gelangt man mit der Zahnradbahn von Villars auf den Col de Bretaye. Man benötigt dazu nicht einmal 30 Minuten, denn die 553 Höhenmeter sind auf der 9,3 km langen Strecke im Nu über-

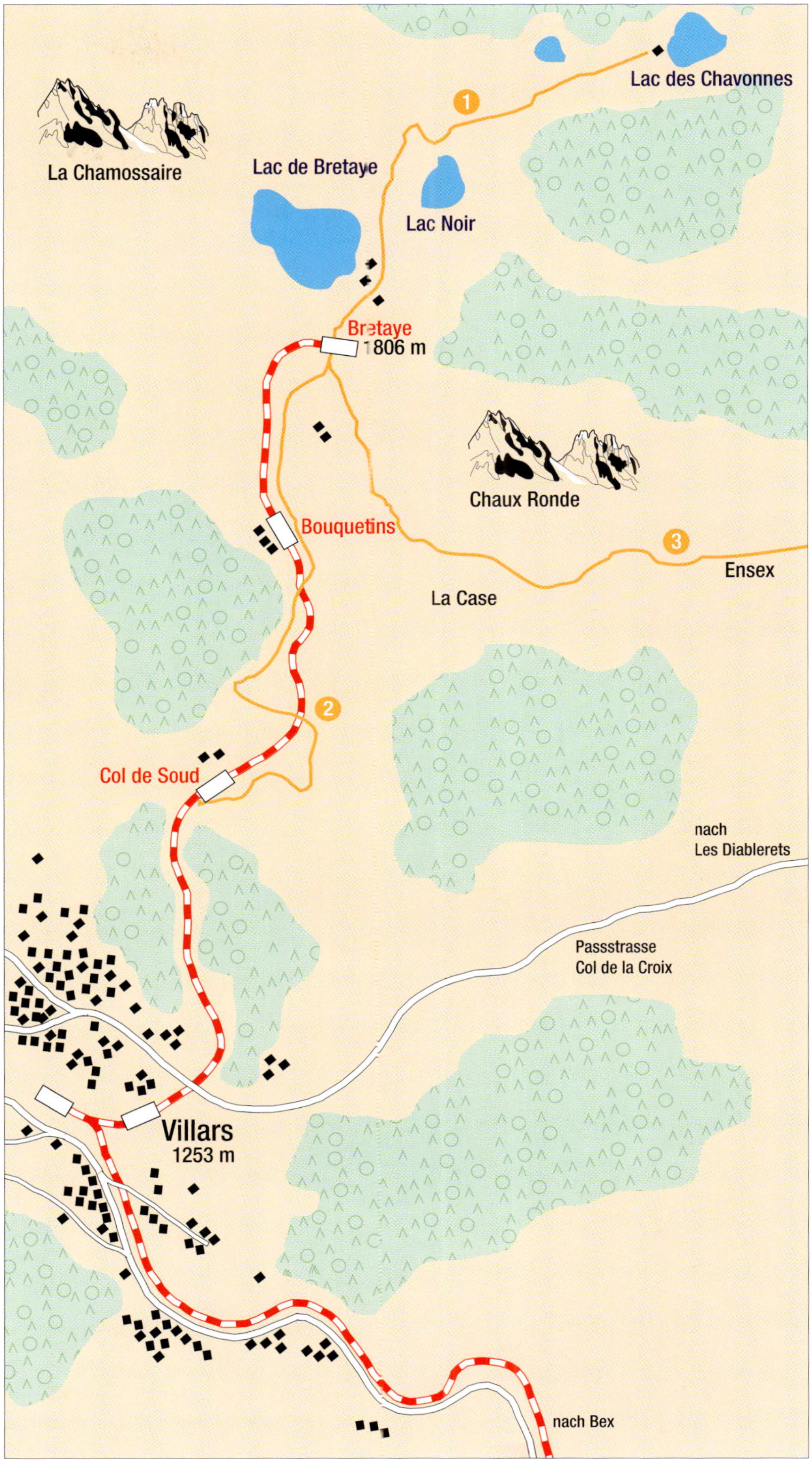

Lac des Chavonnes

La Chamossaire

Lac de Bretaye

Lac Noir

Bretaye
1806 m

Chaux Ronde

Bouquetins

Ensex

La Case

nach
Les Diablerets

Col de Soud

Passstrasse
Col de la Croix

Villars
1253 m

nach Bex

wunden. Nach Villars fährt selbstverständlich auch ein Zug. Bereits tief unten im Rhônetal nimmt die Bahn auf den Col de Bretaye ihren Ausgang. Im Bahnhof von Bex steigt man von den SBB auf die BVB (Chemin de fer Bex–Villars–Bretaye) um. Die Privatbahn gehört zur Gruppe der Transport Public du Chablais (TPC), welcher mit der AOMC (Aigle–Ollon–Monthey–Champéry), AL (Aigle–Leysin) und ASD (Aigle–Sépey–Diablerets) drei weitere Meterspurbahnen angehören.

In vier Abschnitten

Die Strecke zwischen dem südlich anmutenden Rhônetal und der weiten, alpinen Hochebene des Col de Bretaye kann in vier Abschnitte unterteilt werden: Ganz unten geht es praktisch eben von Bex nach Bévieux, dabei fährt der Zug wie eine

Oben: Herbstliches Nebelmeer über Villars und dem Rhônetal.
Links: Zwischenstation Col de Soud auf 1524 m.
Unten: Triebwagen BDeh 4/4 Nr. 81 oberhalb von Col de Soud.

Info

Anreise

Von Lausanne aus erreicht man Bex mit den SBB über die Simplonstrecke. Die Wagen der Straßenbahn und die Züge nach Villars warten direkt am SBB-Bahnhof.

Betriebszeiten

Die Strassenbahn Bex–Bévieux sowie die Zahnradbahn Bex–Villars–Bretaye sind das ganze Jahr in Betrieb; im Spätherbst sowie im Frühjahr reduzierter Zugsverkehr.

Höhenunterschiede

Mittelstation Villars	1253 m
Bergstation Bretaye	1806 m
Höhenunterschied	553 m

Attraktionen

- Salzmine Bouillet oberhalb von Bex: ein kleiner Zug fährt tief in den Stollen hinein, nur auf Voranmeldung möglich (Telefon 024 / 463 03 30)
- Bergsee Lac des Chavonnes – er wird von Felsen umgeben, und direkt am Ufer liegt eine gemütliche Bergwirtschaft

Unterkunft

In luftiger Höhe gelegen: Hotel du Lac de Bretaye (Telefon: 024 / 498 22 95).

Karten

Landeskarte der Schweiz, 1: 25 000, Blätter 1284 »Monthey« und 1285 »Les Diablerets«.

Infos

Villars Tourist Office,
CH-1884 Villars
Telefon: 024 / 495 32 32
Fax: 024 / 495 27 94
Internet: www.villars.ch

Nur bei großem Andrang verkehren die vierachsigen, 1940–46 gebauten Triebwagen des Typs BDeh 2/4 Nr. 21–26. Das Bild entstand unterhalb von Bouquetins.

Straßenbahn durch das städtisch anmutende Bex. Hier kommen auch die beiden von der Zürcher Straßenbahn stammenden Triebwagen Be 2/2 Nrn. 8–9, die übrigens schön restauriert wurden, zum Einsatz. Hinter Bévieux bleibt die Strecke den Zahnradfahrzeugen vorbehalten. Der Aufstieg führt durch das schluchtartige Tal von Avançon in zwei Kehren bis hinauf nach Gryon. Auf dem dritten Streckenabschnitt zwischen Gryon und Villars geht's dann ohne Zahnstange entlang der Straße (teilweise auch auf der Straße) weiter. Der vierte und letzte Abschnitt führt wie bereits beschrieben als reine Zahnradbahn von Villars auf den Col de Bretaye. Zwischen Bex und Bretaye gibt es einige durchgehende Zugverbindungen – häufig verkehrt die Zahnradkomposition mit einer Lok, einem Mittelwagen und dem Steuerwagen aber nur zwischen Villars und Bretaye. Die Gleisanlagen von Villars sind für Eisenbahnfans recht interessant, denn die beiden Perrons werden mit verschiedenen Weichen und Gleisbögen verbunden.

Vom Salonzug auf Schusters Rappen

Die BVB hat aus zwei alten Wagen einen attraktiven Salonzug mit Panoramafenstern umgebaut. Diese Fahrzeuge kommen seit der Wintersaison 1999/2000 zum Einsatz. Von der gepolsterten Sitzlandschaft lässt sich die vorbeiziehende Landschaft genießen, bevor man dann auf Schusters Rappen umsattelt. Zu den wohl beliebtesten Zielen der Ausflügler gehört der Lac des Chavonnes. Man erreicht ihn in etwa einer halben Stunde – eine landschaftlich reizvolle Tour, denn schon nach den ersten 100 m hat man die störenden Skiliftanlagen hinter sich gelassen. An ihre Stelle treten einsam gelegene Hochmoore und schöne Bergweiden.

Oben: Picknick am Lac des Chavonnes. Das romantische Ufer mit seinen großen Steinen lädt zum Verweilen ein.

Unten: Alphütten auf Bretaye. Die Wanderer auf dem Weg zum Lac des Chavonnes blicken hinüber zur Le Tarent (2548 m).

Gornergrat: Das himmelblaue Wunder

Am ewigen Eis Feuer fangen, das die Herzen auftaut. Oder einem gesunden Höhenrausch verfallen – hier am Ziel, dem Ziel der Alpen. 29 der 34 Viertausender auf einen Blick, und die Luft ist so rein, dass man ein Observatorium baute. Das Panorama so gewaltig, dass sich äußere Bilder zu inneren verdichten, unauslöschlich.

Nebelmeer über dem Mattertal.

Breithorn (4160 m) und Hütten auf dem Gornergrat.

Links: Am Wanderweg zwischen Gornergrat und Riffelsee.

Wandern

TIPP 1
Gornergrat – Riffelsee – Rotenboden – Riffelberg, 507 m bergab, 1 h 30 min Gehzeit

TIPP 2
Rotenboden – Riffelsee – Gagenhaupt – Dristelen – Riffelalp, 15 m bergauf, 604 m bergab, 1 h 45 min Gehzeit

Tipp 3
Riffelalp – Lauberen – Vordere Wälder – Winkelmatten – Zermatt, 607 m bergab, 1 h 30 min Gehzeit

TIPP 4
Riffelalp – Balmbrunnen – Ze Seewjinen – Grünsee und zurück, 100 m bergauf und bergab, 2 h Gehzeit

TIPP 5
Gornergrat – Gornergletscher – Monte-Rosa-Hütte und zurück (nur mit geführter Gruppe), 720 m bergauf und bergab, 4-5 h Gehzeit

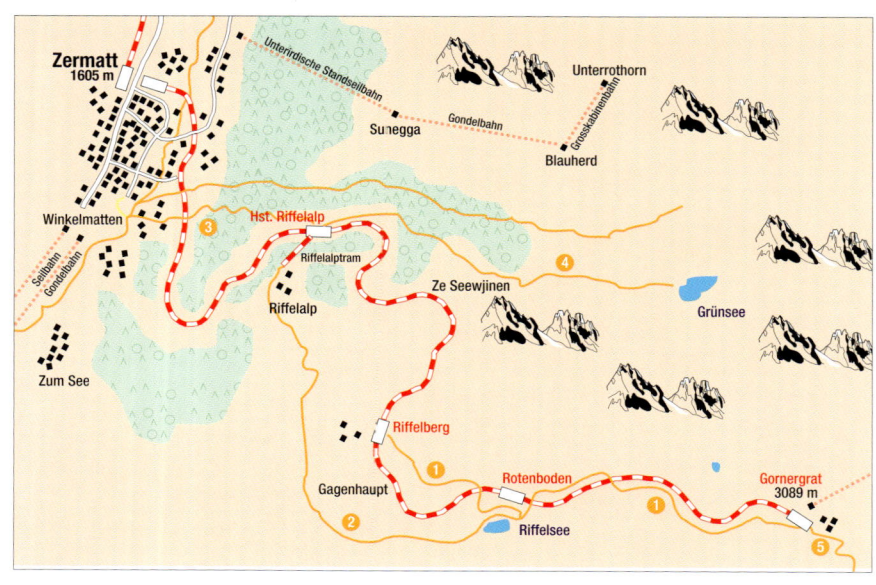

Noch bevor der erste Zug der Visp–Zermatt-Bahn (VZ) in Zermatt einfuhr, kamen jährlich etwa 12 000 Gäste, um das Matterhorn zu sehen. Heute lassen sich das weltweite Renommee und die Faszination Zermatts kaum mehr beziffern: 1620 m hoch gelegen, mit 24 366 ha die flächenmäßig drittgrößte Gemeinde der Schweiz, auf dem gleichen Breitengrat wie Lugano, 38 Bergrestaurants und 400 km Wanderwege.

Spitzenerlebnis auf dem Gornergrat

In fast jedem Bereich gibt es ein »Muss«. Das der Alpenwelt heißt Jungfraujoch und Gornergrat. Hoch über dem Ferienort Zermatt bietet sich den Besuchern eine atemberaubende Rundsicht. 29 von 34 Schweizer Viertausender können im Umkreis von nur 15 km mit bloßem Auge gezählt werden. Da gibt es majestätisch-wuchtige Felsköpfe, silbergleißende Firngebiete, gläsern schimmernde Eisabstürze, den Monte Rosa, mit 4634 m der höchste Berg

der Schweiz, und natürlich das Matterhorn – den König der Berge, die aus allem herausragende Pyramide von bestechender, perfekter Form. Klar, dass eine solche Kanzel zu einer weltweit bekannten Attraktion werden musste. Wie immer man den 3131 m hohen Gornergrat auch betitelt, ob »Logenplatz«, »Aussichtsplattform« oder »Panoramaplatz« – man muss dort oben gewesen sein, um mitreden zu können. Und wer es ganz genau wissen will, der übernachtet sogar inmitten der grandiosen Aussichtsplattform. Früh aufstehen ist dabei Pflicht, um den spektakulären Sonnenaufgang inklusive Alpenglühen nicht zu verpassen.

Bahnwunderland

Dem gutbetuchten, aber ungeübten Berggänger verhalfen einst Träger und Maultiere zu überwältigenden Eindrücken auf dem Gornergrat. Den großen Boom aber brachte die 1898 eröffnete Gornergrat-Bahn (GGB), die logische Fortsetzung der Brig–Visp–Zermatt-Bahn (BVZ). Sie ist die höchste unter freiem Himmel angelegte und zugleich die erste elektrische Zahnradbahn der Schweiz. Zur selben Zeit zogen in Berlin noch 7000

Pferde die Tramwagen! 1896 bis 1898 waren insgesamt 2400 Arbeiter mit dem Bau der Bahn auf den Gornergrat beschäftigt. 1927 folgten erste Versuche im Winterbetrieb, der mit dem Bau der Schutzgalerie im Riffelbord ab 1946 den großen Durchbruch schaffte.

Die Zahnradbahn ermöglicht breiten Schichten ein Spitzenerlebnis: erst die packende Aussicht auf Zermatt, dann die Arven- und Lärchenwälder, die Alpenrosenhänge, das sich laufend verändernde Panorama mit dem dominierenden Matterhorn und schließlich der Gornergrat auf dem die Hochgefühle kulminieren. Die GGB-Strecke ist 9339 m lang, davon 3790 m in Doppelspur, sie hat eine durchschnittliche Steigung von 160 ‰ (max. 200 ‰), überwindet eine Höhendifferenz von 1485 m und weist je fünf Brücken und Viadukte sowie fünf Tunnels mit einer Gesamtlänge von 1320 m auf. Die drehstromgetriebenen Züge, die auf der Talfahrt Strom erzeugen. rollen bei einer Fahrzeit von 43 Minuten auf der Bergfahrt mit maximal 28 km/h und talwärts 21 km/h. Die GGB verfügt über 14 vierachsige Triebwagen, acht Doppeltriebwagen, drei Lokomotiven, fünf Spezialfahrzeuge und fünf Güterwagen.

Der Gornergrat ist ein Ziel, aber nicht der touristische Endpunkt. Die GGB ist nämlich noch kühner in die Gletscherwelt vorgestoßen. Seit 1958 erschließt eine 3,1 km lange Seilschwebebahn das 3405 m hohe Stockhorn. Dort oben erlebt man garantiert sein himmelblaues Wunder, denn der Monte Rosa ist zum Anfassen nah. Zu guter Letzt kann man am Gornergrat auch die zum Teil einmalige Flora und Fauna geniessen. Nirgends in Europa geht die Vegetation höher hinauf. Und natürlich ist die großartige Landschaft auch ein erstklassiges Wander-Eldorado.

Info

Anreise
Mit der BLS Lötschbergbahn oder durchs Rhônetal mit der SBB bis Brig; dort in die Züge der BVZ-Zermattbahn umsteigen.

Betriebszeiten
Die Züge auf den Gornergrat verkehren während des ganzen Jahres.

Höhenunterschiede

Talstation Zermatt	1605 m
Bergstation Gornergrat	3089 m
Höhenunterschied	1485 m

Attraktionen
- spektakuläres Alpenpanorama, 29 von 34 Schweizer Viertausendern
- Riffelsee, in dem sich meist das Matterhorn spiegelt
- Sonnenaufgangsfahrten der GGB, von Anfang Juli bis Ende August
- Seilschwebebahn aufs Stockhorn
- das Höhenobservatorium in der Nordkuppel des Hotels ist nur Wissenschaftlern zugänglich

Unterkunft
114 Hotels in Zermatt; besonders schön ist die Übernachtung im Gornergrat Kulmhotel. Dort leuchten die gleißend hellen Gletscher bis ins Zimmer (Tel. 027 / 966 64 00).

Karten
Landeskarte der Schweiz, 1:50 000, Blatt 1348 »Zermatt«.

Infos
Gornergratbahn, Nordstrasse 20, CH-3900 Birg, Telefon: 027 / 922 43 11 Fax: 027 / 922 43 90 Internet: www.gornergrat.ch

Wanderer vor der Kulisse des Breithorns (4160 m ü.M.), rechts daneben das Klein Matterhorn (3883 m ü.M.).

Blumenübersäte Wiesen, 300 Schmetterlingsarten, Berge, die Wolken kratzen. Natur pur in immer neuen Farbenspielen. Daraus musste ein Wanderwunderland werden – und immer wieder das Matterhorn, zum Anfassen nah. Ob man »nur« mit der Bahn fährt oder zum bezaubernden Riffelsee wandert, es ist auf jeden Fall ein ganz großes Erlebnis.

Monte Generoso: Eckpfeiler im Süden

Eine wunderbare Panoramaansicht auf die lombardische Tiefebene und bis hinüber zum Apennin bietet sich den Besuchern des Monte Generoso bei klarer Witterung und guter Fernsicht. Und selbst wenn sich der sommerliche Smog in den umliegenden Täler und Ebenen ausbreitet, ragt der Generoso wie ein Eisberg aus der Dunstglocke. Ein Grund mehr, an solchen Tagen auf den wohl aussichtsreichsten Berg im Kanton Tessin zu fahren, denn der Generoso gilt als südlichster Eckpfeiler der Tessiner Alpen.

Ein eiszeitliches Naturwunder

Wer auf dem 1704 m hohen Gipfel steht und das Glück hat, dass der Berg aus dem umliegenden Nebel- oder Dunstmeer ragt, kann sich gut vorstellen, wie es während der jüngsten Eiszeit vor ungefähr 15 000 Jahren hier ausgesehen haben mag. Damals erstreckte sich von den Alpen herkommend ein riesiger Gletscher bis weit in die lombardische Tiefebene hinein. Die vielen Täler rund um den Lago Maggiore und Luganer See lagen damals noch unter einer dicken Eisdecke. Einzig der Monte Generoso erhob sich wie eine Insel aus dem gigantischen Eismeer. Bis heute beherbergt der bewaldete Eckpfeiler ganz im Süden der Schweiz eine Reihe von seltener Pflanzen und Tierarten. Das »Birdwatching« lohnt sich genauso wie der Blick auf den Boden, denn dort erwarten die Pflanzenfreunde während der Blütezeit die Paeonia officinalis und andere seltene Gewächse. Die entlegenen Alpen wurden von den meisten Talbewohnern bereits aufgegeben, sodass die Natur sich die früher mühsam bewirtschafteten Weiden wieder zurückerobert hat. Jahrhundertelang betrieben hier Bauern auf karger Scholle eine Landwirtschaft voller Armut und Entsagung. Heute geht es ihnen besser, denn sie arbeiten in den Fabriken des Mendrisiottos. So verfallen immer mehr Mäuerchen und Hütte, und die alten Pfade verwachsen zu einem undurch-

An einem schönen, klaren Herbsttag präsentiert sich die Tessiner Landschaft ohne Dunst. Dann ist eine Wanderung vom Monte Generoso zur Mittelstation Bellavista genauso ein Vergnügen wie die Fahrt mit der Zahnradbahn.

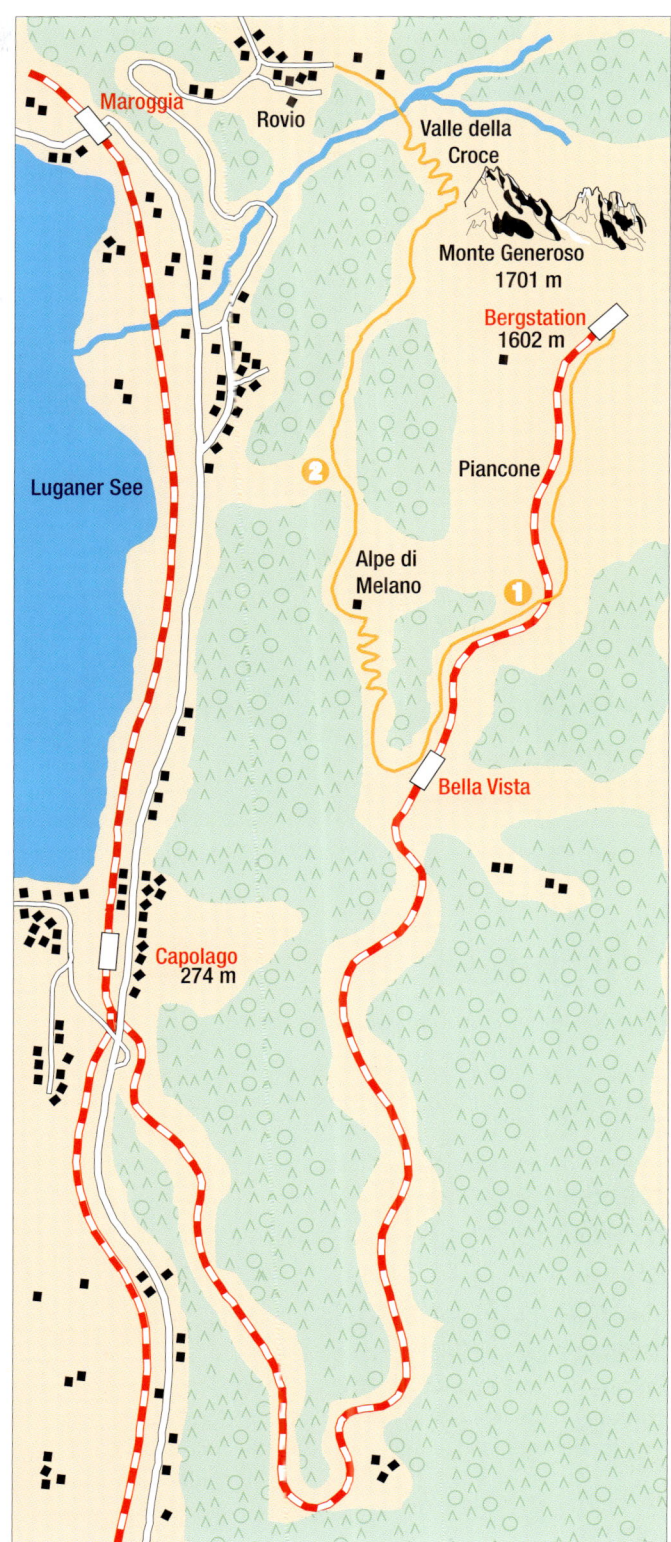

Generoso-Gelenktriebwagen unterhalb von Vetta – Wanderweg und Trasse begegnen sich erst im unteren Wegabschnitt.

Wandern

TIPP 1
Bergstation Monte Generoso – Wanderweg parallel zur Trasse der Zahnradbahn (jedoch etwas unterhalb der Generoso-Bahn angelegt) – Piancone – Tiralocchio – Bella Vista, 380 m bergab, 1 h 30 min Gehzeit

TIPP 2
Mittelstation Bella Vista – Mostracù – Alpe di Melano – Valle della Croce – Rovio, 723 m bergab, 2 h 30 min Gehzeit (Rückfahrt von Rovio mit dem Postauto bis zur Bahnstation Maroggia-Melano)

dringlichen Dickicht. Die Flanken des Generosos sind steil und dicht bewaldet, hier gibt es noch Ecken und Winkel, um denen man das Gefühl hat, es sei noch nie ein Mensch dagewesen. Da und dort grasen auf scheinbar verlassenen Alpen noch Schafe und Ziegen, vielleicht auch einige wenige Kühe. Es sind meist Hobbybauern, die sich noch mit der Scholle verbunden fühlen. Sie stellen aus Ziegen- und Kuhmilch Formaggini – würzige, runde Käslein – her, die auf den Tessiner Märkten gern gekauft werden.

Die Migros-Bahn

Die einzige Zahnradbahn südlich der Alpen erschließt von Capolago, am Ufer des Luganer Sees, den Monte Generoso. Auf ihrer teilweise recht abenteuerlichen Kletterpartie überwinden die orange-blauen Gelenktriebwagen genau 1328 Höhenmeter. Die

Bergstation liegt jedoch nicht auf dem Gipfel. Wer ganz nach oben will, muss nochmals etwa 100 m steigen.

Das Bähnchen erlebte seine Blütezeit gleich nach der Eröffnung im Jahre 1890. Damals galt es als »chic«, mit Sommerhut, langem Rock und Wanderstab in eine Dampfbahn zu steigen und sich völlig mühelos auf den Gipfel fahren zu lassen. Vorwiegend der englische und italienische Adel tummelte sich auf dem Berg, denn die Arbeiterklasse konnte sich zu jener Zeit noch keine Reisen leisten. Ein jähes Ende dieses bunten Treibens bescherten die beiden Weltkriege. Wie so viele andere touristische Einrichtungen stand zu jener Zeit auch die Generoso-Bahn vor dem Konkurs. Gottlieb Duttweiler, der Gründer des heute größten Schweizer Detailhandelunternehmens Migros rettete das Bähnchen vor dem sicheren Untergang. Der Migros gehört noch heute das Unternehmen, das sich dank neuem Rollmaterial und dem allgemeinen Mobilitätsbedürfnis der Bevölkerung wieder großer Beliebtheit erfreut – besonders bei Familien und Schulklassen. Und die Natur ist hier so großartig, dass das gesamte Generosogebiet ins Inventar der Landschaften von nationaler Bedeutung aufgenommen wurde. Zum Glück, denn eine Zementfabrik wollte ganze 100 000 Quadratmeter Wald roden.

Die südländisch anmutende Vegetation knapp unterhalb der Waldgrenze.

Muggio, ein typisches Tessiner Dorf in einem Seitental des Generosos.

Info

Anreise
Den Bahnhof von Capolago-Riva San Vitale erreicht man mit dem stündlichen Regionalzug von Lugano aus.

Betriebszeiten
Die Zahnradbahn fährt von Dezember bis Oktober während elf Monaten (November geschlossen).

Höhenunterschiede

Talstation Capolago	274 m
Bergstation Generoso	1602 m
Höhenunterschiede	1328 m

Attraktionen
- das wohl großartigste Panorama im Südtessin
- viele seltene Vogel- und Pflanzenarten in der Gipfelregion
- astronomisches Observatorium; nächtliche Fahrten mit der Bahn auf den Generoso (speziellen Fahrplan beachten)
- nostalgische Dampffahrten nach speziellem Fahrplan
- Bärenhöhle, 20 000 Jahre alt

Unterkunft
Kulmhotel mit sieben gemütlichen Doppelzimmern und Matratzenlager (Telefon: 091 / 649 77 22).

Karten
Grenzüberschreitende Wanderkarte der Zahnradbahn »Monte Generoso«, 1:25 000.

Infos
Ferrovia Monte Generoso SA,
CH-6825 Capolago
Telefon: 091 / 648 11 05
Fax: 091 / 648 11 07
Internet: www.montegeneroso.ch

Anfang November, wenn die Nord-
schweiz bereits in einer tiefen Winter-
depression steckt, verfärben sich im
Südtessin die Blätter gelb. Vielleicht
ist das der richtige Zeitpunkt, um mit
dem Dampfzug auf den Generoso zu
fahren. Wer lieber im Sommer
kommt, bewundert die tropisch anmutende Vegetation.

127

Auf steilen und flachen Schienen

Regionalzug Aigle–Champéry bei La Cour. Im Bild: der Triebwagen BDeh 4/4 Nr. 2 mit dem Steuerwagen Bt 32 am 21. Juli 1990.

Triebwagen Nr. 8, noch in den SGA-Farben, zwischen Warmesberg und Kreuzstraße.

Im Gegensatz zu reinen Zahnradbahnen verfügen die im gemischten Zahnrad- und Reibungsbetrieb verkehrenden Züge über zwei verschiedene Antriebe. Die Kraftübertragung erfolgt sowohl auf das Triebdrehgestell wie auch auf das Zahnrad, das sich in der Mitte der Achse befindet. In der gebirgigen Schweiz gibt es sehr viele Bahnen mit gemischtem Zahnrad- und Adhäsionsbetrieb, wie diese Traktionsart in der Schweiz auch genannt wird. Dabei werden normale Zugkompositionen mit Lokomotive bzw. Triebwagen und mehreren Anhängewagen gebildet. Alle acht »gemischten« Betriebe benutzen Schmalspurgleise.

Nach Champéry

Das Val d'Illiez ist manchen Deutschschweizern und Auswärtigen kein Begriff. Dabei handelt es sich um ein reizendes Gebirgstal, das sehr viele Ausflügler und Feriengäste aus der Romandie und dem benachbarten Frankreich anzieht. Die Bahn mit dem komplizierten Namen Chemin de fer Aigle–Ollon–Monthey–Champéry (AOMC) gehört seit einigen Jahren zur Gruppe der Transports publics du Chamblais (TPC). Zwischen Aigle und Monthey fährt die Bahn ziemlich eben durch das Rhônetal. Hier kommen auch Fahrzeuge der ehemaligen Basler Birsigtalbahn ohne Zahnradantrieb zum Einsatz. Nach Monthey geht es ausgesprochen gebirgig über drei Zahnstangenabschnitte weiter bis Champéry.

Nach Chamonix

Die Reise von Martigny nach Châtelard – und weiter über die Landesgrenze hinaus bis Chamonix – beginnt mit einer steilen Rampe. Damit wird schnell sehr viel Höhe gewonnen und das tiefliegende Rhônetal überwunden. Dabei bezwingen die Züge auf mehreren Zahnstangenabschnitten (System Strub) einen Höhenunterschied von insgesamt 649 m. Zwischen Martigny und den Steilhängen des Trienttales beträgt die Neigung, die die Bahn bewältigen muss, bis zu 200 ‰. Kurios ist der wechselnde Antrieb zwischen Stromschiene und Oberleitung. Der Streckenabschnitt Vernayaz–Salvan verfügt über eine seitlich angebrachte Stromschiene mit 750 Volt Spannung. Dank dieser Bauweise konnten die Tunnelprofile kleiner ausgeführt werden, was die Baukosten erheblich reduzierte.

Ins Appenzellerland

In einer ganz anderen Ecke der Schweiz liegt das Appenzellerland. Die Appenzeller Bahnen (AB) betreiben ein weitläufiges Schmalspurnetz. Auf den Zahnradantrieb sind jedoch ausschließlich die Züge der früher selbstständigen Bahn Gais–Altstätten angewiesen. Sie bewältigen über dem Stoßpass (945 m) eine maximale Neigung von 160 ‰. Die frühere SGA nahm als Appenzeller Straßenbahngesellschaft am 1. Oktober 1889 ihren Betrieb zwischen St. Gallen und Gais auf. Erst viel später, nämlich im November 1911, kam die Strecke zwischen Gais und Altstätten hinzu. Heute verfügt die Gesellschaft über elf Zahnrad-Triebwagen und ein Zahnrad-Dienstfahrzeug. Diese können natürlich auch auf dem übrigen Streckennetz verkehren.

Winter auf der Strecke Martigny– Châtelard, Triebwagen Nr. 4 auf dem Natursteinviadukt bei Le Trétien.

Nach Engelberg

Im Herzen der Schweiz findet man eine weitere Zahnradbahn, die über lange Strecken nur ihren Adhäsionsantrieb benutzt. Es sind die roten Züge der Luzern–Stans–Engelberg-Bahn (LSE). Auf diese Weise gelangt man fast bis Engelberg; erst auf der letzten Steilstufe fahren die Züge in den Zahnstangenabschnitt ein. Weil dieser so steil ist, dürfen nur Drei-Wagen-Kompositionen verkehren. Diese bestehen aus dem Triebwagen, einem Zwischenwagen und dem Steuerwagen. In Grafenort werden die normalerweise 24-achsigen Züge getrennt. Sie fahren hintereinander in kurzen Blockabständen nach Engelberg hinauf bzw. von dort wieder hinunter. Dieser Betrieb ist jedoch bald Geschichte, denn die LSE will ihren Zahnstangenabschnitt mittels eines Tunnels umfahren. Dies soll nicht nur längere Züge ermöglichen, sondern auch einen beachtlichen Zeitgewinn bringen.

Triebwagen Nr. 1 der LSE im Zahnstangenabschnitt bei Grünenwald.

Oben: Die BOB, fotografiert am Dorfrand von Grindelwald, benutzt eine Leiterzahnstange des Systems Riggenbach.

Die SBB-Brünig-Zahnradbahn.

Über den Brünig

Weil die Brüniglinie bei den Schweizerischen Bundesbahnen ein exotisches Schattendasein fristet, wurde sie unlängst ausgegliedert und dafür eine eigene Betriebsgesellschaft gegründet. Der Grund: Zwischen Luzern und Interlaken verkehren die SBB-Züge nicht nur auf schmaler Spur (1000 mm), sondern benötigen auch Zahnstangenabschnitte. Dies gibt es auf dem übrigen SBB-Netz nicht mehr. Doch ein Mauerblümchendasein hat die Brünigbahn deswegen nicht verdient, sie fährt durch eine der sehenswertesten Tourismusregionen der Schweiz, vorbei an einer Vielzahl von malerischen Seen, die schon jetzt Teil der Golden-Pass-Route sind. In ferner Zukunft sollen die Züge sogar über das Dreischienengleis zwischen Interlaken und Zweisimmen und weiter bis nach Montreux am Genfersee rollen. Zur Zeit ist in Interlaken Ost noch Endstation, zuvor hat der Zug den steilen Brünigpass mittels Zahnrad bezwungen und in Meiringen »Kopf« gemacht. In Meiringen befindet sich auch die Werkstätte der schmalspurigen SBB-Linie. Hier werden mit viel Liebe zum Detail alte Wagen umgebaut, die dann in den modernen Panoramazügen verkehren.

Lütschinentäler

Interlaken Ost ist nicht Endstation für Schmalspurzüge. Hier geht es auf Meterspur weiter in die Lütschinentäler. Die Berner-Oberland-Bahnen (BOB) bedienen die zwei Stichstrecken nach Grindelwald und Lauterbrunnen. Zunächst fahren die beiden Züge zusammengekoppelt in flottem Tempo über den Doppelspurabschnitt bis Zweilütschinen. Dort werden die Kompositionen getrennt – der vordere Teil des Zuges rollt ins Tal der weißen Lütschine (Lauterbrunnen), der hintere Teil ins Tal der schwarzen Lütschine (Grindelwald). Dabei befahren die Züge auch mehrere Zahnstangenabschnitte. Wer weiter auf die Kleine Scheidegg will, benutzt den Zug nach Lauterbrunnen, denn er ist viel schneller am Ziel.

Furka–Oberalp

Nach der Rhätischen Bahn nimmt die Furka–Oberalp-Bahn (FO) auf der Beliebtheitsskala aller schweizerischen Eisenbahnstrecken wohl Platz zwei ein. Zusammen mit RhB und der BVZ-Zermattbahn erschließt sie ein riesiges Schmalspurnetz, das sich quer durch die Schweizer Alpen zieht und die unwirtlichsten Täler durchquert. Einer der bekanntesten Züge, der auch über die Trasse der FO rollt, ist der Glacier Express. Im Gegensatz zum großen Bruder, der Rhätischen Bahn, befahren die Züge der Furka–Oberalp-Bahn immer wieder Zahnstangenabschnitte. Diese liegen im Goms sowie am Oberalppass. Die Furka wird mittels eines 15,5 km langen Basistunnels unterquert.

Zum Matterhorn

Den Reigen der gemischten Zahnrad- und Reibungsbahnen schließt die Strecke Brig–Visp–Zermatt – eine touristisch wie technisch interessante Gebirgsbahn. Hier entdeckt der Eisenbahnfreund neben einer nostalgischen Dampflokomotive mit der Nummer 7 auch vier »Krokodile«, die teilweise noch im Einsatz stehen, fünf moderne

Der Glacier Express auf der BVZ-Strecke zwischen Kalpetran und Stalden.

Hochleistungsloks der Baureihe HGe 4/4 II (Nrn. 1–5) sowie zahlreiche Triebwagen mit vier, sechs oder acht Achsen. Den Weg an den Fuß des Matterhorns – mit 4477 m nicht der höchste, aber sicher der schönste Berg der Schweiz – legt man bequem und schnell mit der Bahn zurück. Mit dem Auto kommt man nämlich sowieso nur bis Täsch, denn Zermatt ist das Paradies der Fußgänger und Kutschen (Autofahrverbot). Natürlich bietet sich in erster Linie eine Fahrt in den Panoramawagen des Glacier Express an, der von St. Moritz kommend das Alpendorf in »nur« neun Stunden erreicht. Doch auch die Fahrt in den gewöhnlichen Regelzügen hat ihren Reiz. Die Landschaft, die an den Reisenden vorbeizieht, ist sehr abwechslungsreich. Man kommt von den Rebbergen zu den im Herbst golden gefärbten Lärchenwäldern um Zermatt. Gleich mehrere Zahnstangenabschnitte werden dabei vom fotogenen, roten Schmalspurzug der BVZ durchfahren. Mit großen finanziellen Schwierigkeiten hatte die vom Tourismus profitierende Bahngesellschaft nie zu kämpfen. Dennoch war kein Grund zum Übermut: Immer wieder wurde die Trasse von schweren Unwettern, Bergstürzen, Lawinenniedergängen und anderem Unheil heimgesucht.

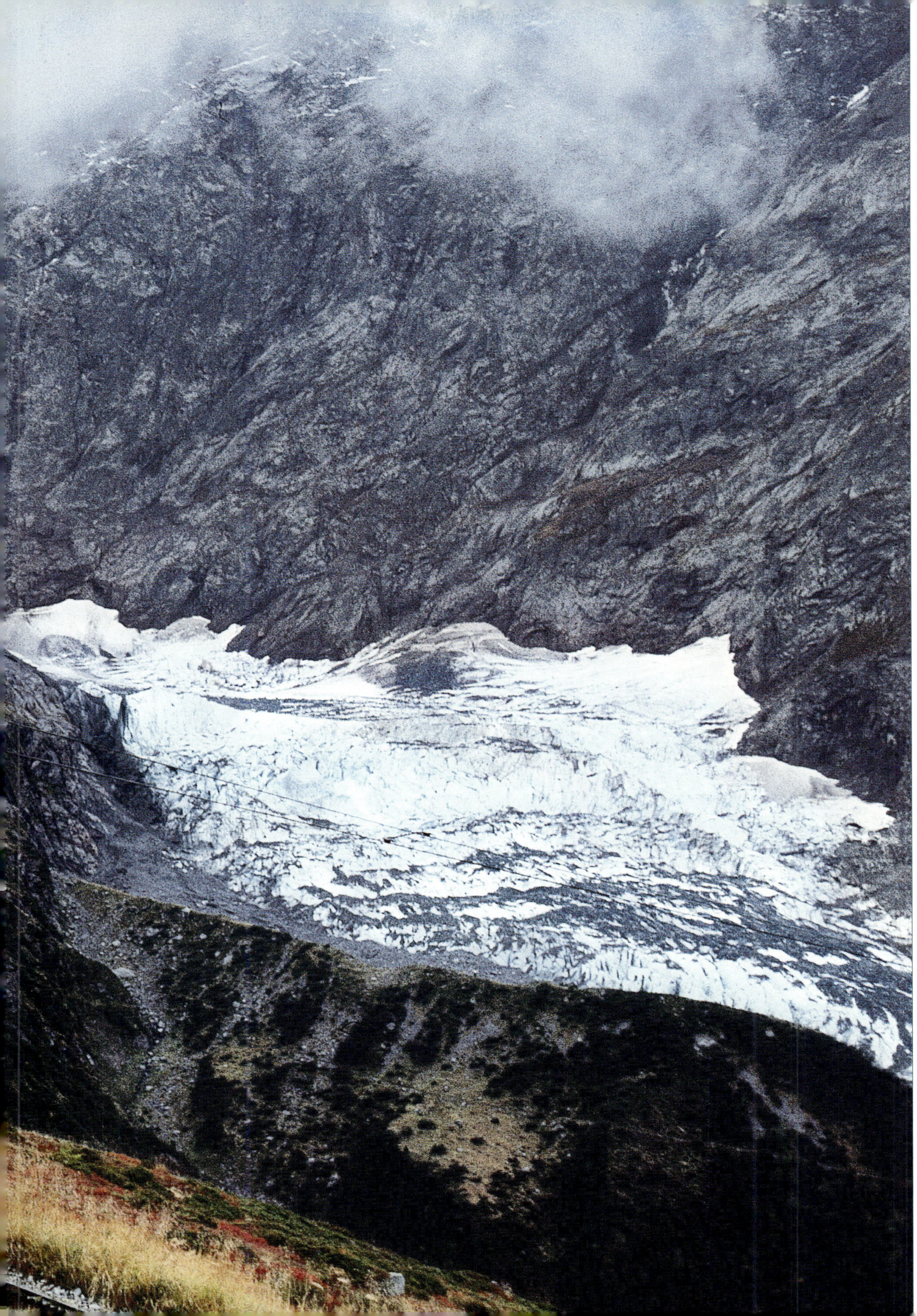

Zahnradbahnen in Frankreich

Montenvers: Hinter kantigen Felszähnen

Hauptanziehungspunkt südlich des Genfer Sees ist ein 40 Kilometer langer, fast vollständig vergletscherter Kamm. Im Mittelpunkt dieses riesigen Gebirges ragt der Mont Blanc – mit 4807 Metern höchster Berg Europas – aus der Fels- und Eiswüste. Zu seinen Füßen liegt der pulsierende Touristenort Chamonix.

Nervenkitzel an der Aiguille du Midi

Von allen Alpengletschern schiebt sich der Glacier des Bossons am tiefsten ins Tal vor. Welch ein einzigartiger Anblick: Der 7 km lange Eisstrom kriecht von den Flanken des Mont Blanc bis in den Wald und in die Nähe der Häuser von Chamonix auf 1200 m hinab. Infolge seiner Steilheit die durchschnittliche Neigung beträgt 50 %, fließt er doppelt so schnell wie das benachbarte Mer de Glace, also 180 m pro Jahr.

Chamonix verfügt über ein ausgedehntes Bergbahnnetz. Interessant ist vor allem eine Fahrt mit der wohl kühnsten Luftseilbahn der Welt auf die Aiguille du Midi (3842 m). Die Kabine gleitet an einer mächtigen Felswand empor, kein einziger Mast stützt das frei hängende Seil. Auf der bis zu 100 % geneigten Strecke überwinden die Fahrgäste ab der Mittelstation einen Rekord-Höhenunterschied von 1471 m.

Bedeutend weniger Nervenkitzel wird auf einer Fahrt mit der Zahnradbahn zum Eismeer geboten. Das Eismeer (französisch: Mer de Glace) erstreckt sich von seinem Ursprung, dem Géant-Gletscher, über eine Länge von 14 km in einem Seitental der Arve. Der heute noch bis zu 1950 m breite und 400 m dicke Eispanzer stieß zwischen 1590 und 1645 weit in das Arvetal vor. Um gegen die Bedrohung durch den Gletscher anzukämpfen, begannen die Bewohner von Chamonix, die entfesselten Naturgewalten zu beschwören. Die Bemühungen scheinen

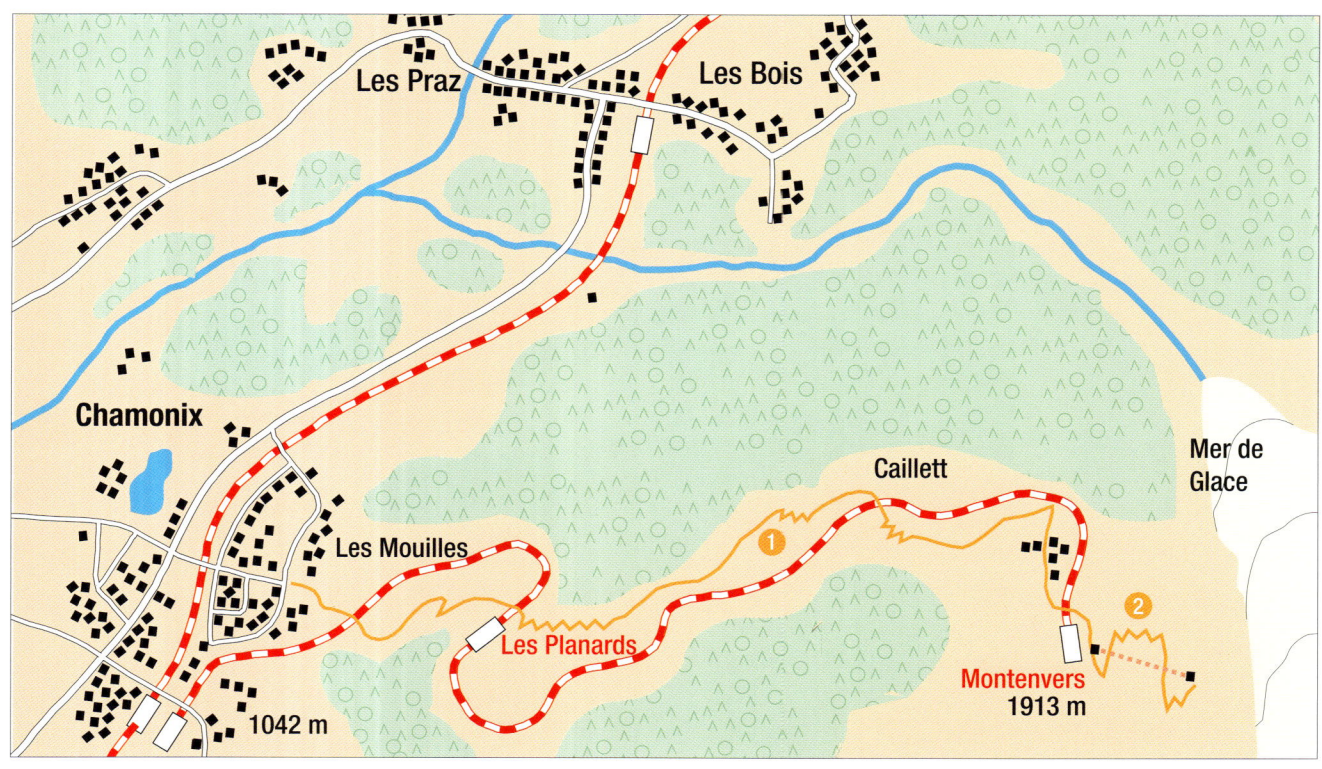

Oben: Triebwagen und Steuerwagen kurz vor der Endstation Montenvers.
Unten: Imposant ist der Blick von Montenvers auf das Mer de Glace.

Triebwagen 41 auf seiner Talfahrt in Richtung Chamonix.

Wer Wildtiere wie Steinböcke beobachten möchte, steigt den Berg hinan.

Wandern

TIPP 1

Bergstation Montenvers – Caillett – Les Planards – Les Mouilles – Chamonix, 871 m bergab, 2 h Gehzeit, Gratweg zum Nachbargipfel, nur für geübte Berggänger

TIPP 2

Bergstation Montenvers – Mer de Glace, ca. 150 m bergab (je nach Stand der Gletscherzunge unterschiedlich lang), etwa 30 min Gehzeit, Rückfahrt mit der Gondelbahn

erstaunlich wirkungsvoll gewesen zu sein, denn der Gletscher zog sich zurück. Mit 3037 ha Oberfläche ist das Eismeer heute der zweitgrößte Alpengletscher; Platz Nummer eins nimmt der im schweizerischen Kanton Wallis liegende Große Aletschgletscher ein.

Zu Fuß unterwegs in der Gletscherwelt

In Montenvers angekommen, stellt man fest, dass sich dem Besucher nicht gerade eine Fülle von Wandermöglichkeiten eröffnet. Umso eindrucksvoller sind dafür die wenigen gebotenen Pfade. Durch lichten Lärchenwald gelangt man auf kurzem Zickzack-Kurs hinunter zum Mer de Glace.

Schon im letzten Jahrhundert hat man hier durch Zufall beobachtet, dass sich die Gletscher bewegen. Damals wurde unbeabsichtigt eine Leiter auf dem Eis zurückgelassen, 44 Jahre danach fand man sie 4 km weiter unten. Der Gletscher hatte sie also mit einer Geschwindigkeit von 91 m pro Jahr fortbewegt. Später haben Wissenschaftler noch genauer gemessen: Ihren Berechnungen zufolge soll das Eis pro Stunde um 1 cm vorrücken. Nun verhält es sich aber so, dass Gletscher nicht unaufhaltsam wachsen, sonst hätte das Eismeer vermutlich schon längst Chamonix und andere Orte überrollt. Der Gletscher nimmt insgesamt nur zu, wenn mehr Schnee fällt als schmilzt. Er reagiert dabei aber nicht sofort, sondern erst nach einer zeitlichen Verschiebung von etwa drei Jahren. Dieses Hin und Her erwähnen auch alle Schriftstücke, die sich seit 500 Jahren mit den Gletschern um Chamonix befassen.

Leider kann man den 4808 Meter hohen Mont Blanc von Montenvers aus nicht erkennen. Die Aiguilles de Chamonix halten ihn hinter ihren scharfkantigen Felszähnen verborgen. Entschädigt wird der Besucher durch das Vorhandensein von weiteren bemerkenswerten Viertausendern: Unübersehbar erheben sich über den umliegenden Gletschern Grandes Jorasses (4208 m), Dent du Géant (4013 m) und Aiguille Verte (4121 m). Weniger mühsam als die Bergwanderung nach Montenvers ist natürlich die kurze Fahrt mit der Gondelbahn. Von der Bergstation kann in rund zwei Stunden nach Chamonix gewandert werden. Der

breite, gut unterhaltene Pfad erreicht bald die Baumgrenze und durchquert weiter unten schöne Nadelwälder.

Verwunschene Berge

Als 1741 die beiden Engländer Windham und Pocock nach Montenvers hinaufstiegen, läuteten sie damit das Touristenzeitalter in Chamonix ein. Früher wagte sich kaum jemand in diese Gegend, da in den »verwunschenen Bergen« ein Hexensabbat vermutet wurde. Dem Aberglauben zum Trotz: Als plötzlich zahlreiche Adlige, Maler und Schriftsteller nach Montenvers pilgerten, dachte die Bevölkerung an den Bau einer Zahnradbahn. Weil damit viel Geld zu verdienen war, verlor der Berg rasch an Schrecken.

Info

Anreise
Nach Chamonix am Fuße des Mont Blanc gelangt man von Genf aus über Bonneville mit den SNCF. Eine überaus reizvolle Variante ist die Anreise mit dem Mont-Blanc-Express von Martigny im Rhônetal.

Betriebszeiten
Die Zahnradbahn verkehrt von Mitte Mai bis ca. Ende Oktober.

Höhenunterschiede
Talstation Chamonix	1042 m
Bergstation Montenvers	1913 m
Höhenunterschied	871 m

Attraktionen
– kuriose Gondelbahn von Montenvers zum Mer de Glace
– Eisgrotte auf der Ufermoräne
– Alpines Museum in der Nähe der Bergstation

Unterkunft
In der Nähe des Bahnhofs von Chamonix liegt das charmante Blockhaus Auberge Le Manoir, ein Zwei-Sterne-Hotel mit gediegenen Zimmern. Telefon: 0033 / 450 531 007

Karten
Landeskarte der Schweiz, 1:25 000, Blatt 1344 »Col de Balme«.

Infos
Office du Tourisme Chamonix, Place du Triangle de l'Amitie, F-74400 Chamonix
Telefon: 0033 / 450 530 024
Fax: 0033 / 450 535 890
Internet: www.chamonix.com
Telefon Zahnradbahn Montenvers: 0033 / 450 531 254

Die mächtige Berggruppe des Mont Blanc erhebt sich an der Grenze des französischen Departementes Haute-Savoie und der italienischen Provinz Turin. Der höchste Gipfel Europas, 1786 erstmals bestiegen, bildet auch die Wasserscheide zwischen Rhône und Po.

Nid d'Aigle: Tramway du Mont Blanc

Die ungewöhnlichen Dimensionen des Mont Blanc überraschen jeden Besucher, der zum ersten Mal aus der Tiefe des Tals oder von einem der zahlreichen Aussichtspunkte das mächtige Gebirge mit seinem gleissenden Eispanzer erblickt. Mehrere riesige Gletscher stossen auf allen Seiten des Gebirgsmassivs bis weit in die Täler von St-Gervais und Umgebung hinunter.

Pioniere des Alpinismus in Chamonix

Mit 20 Jahren reiste der junge Naturforscher Horace-Bénédict de Saussure zum ersten Mal nach Chamonix. Beim Anblick des Mont Blanc erwachte in dem jungen Mann sofort der Wunsch, diesen Berg zu besteigen. Obwohl der begüterte Genfer eine Menge Geld bot, war im Jahre 1760 niemand in der Lage, ihm einen passablen Weg auf den Gipfel zu weisen. Saussure zog unverrichteter Dinge wieder ab. Zwölf Jahre später, am 8. August 1786 beobachtete der Baron von Gersdorff durch sein Fernrohr die ersten Menschen auf dem höchsten Gipfel Europas. Der Dorfarzt von Chamonix, Dr. Michel Gabriel Paccard und sein Freund

Jacques Balmat, ein Kristallsucher und Jäger aus dem Tal, hatten es nach zahllosen fehlgeschlagenen Versuchen geschafft. Sogar die genaue Uhrzeit notierte der Baron: Die ersten Menschen erreichten den Gipfel um 18.23 Uhr!

Bergsteiger unserer Zeit würden verwundert den Kopf schütteln, wenn ihnen Paccard und Balmat plötzlich am Mont Blanc begegneten. Ausgerüstet waren die beiden Erstbesteiger nur mit Lodenhose, Hut, Handschuhen, Lodenumhang und einem 2,5 m langen Stock mit Metallspitze. Trotzdem meisterten sie schwere Stürme, Nebel und Schneefall – heute kaum mehr vorstellbar.

Ein Gipfel für jedermann?

Seinen Schrecken hat der Mont Blanc längst verloren. Unter den Alpinisten gilt er nicht mehr als besonders schwierig. Zeitweise drängen sich Dutzende Seilschaften auf dem Gipfel, und auf den vier klassischen Anstiegsrouten herrscht bei schönem Wetter Hochbetrieb. Besonders beliebt ist die Mont-Blanc-Gruppe auch bei Skitourenfahrern.

Wandern

TIPP 1
Nid d'Aigle – Glacier de Bionnassay – Chalet de l'Are – Bellevue – Col de Voza, 728 m bergab, 2 h Gehzeit

TIPP 2
Col du Mont Lachat – Bellevue – Col de Voza, 307 m bergab, 1 h 30 min Gehzeit

TIPP 3
Col de Voza – Tête du Chêne – Mont Forchet – Les Maisonnettes – Le Meillerey – St-Gervais, 1030 m bergab und 170 m bergauf, 3 h 45 min Gehzeit

Der Aufstieg von Nid d'Aigle zur Refuge de Tête Rousse ist schwierig und nur schwindelfreien, trittsicheren und erfahrenen Berggängern zu empfehlen.

Der TMB-Triebwagen auf seinem ersten Teilstück Le Fayet–St-Gervais.

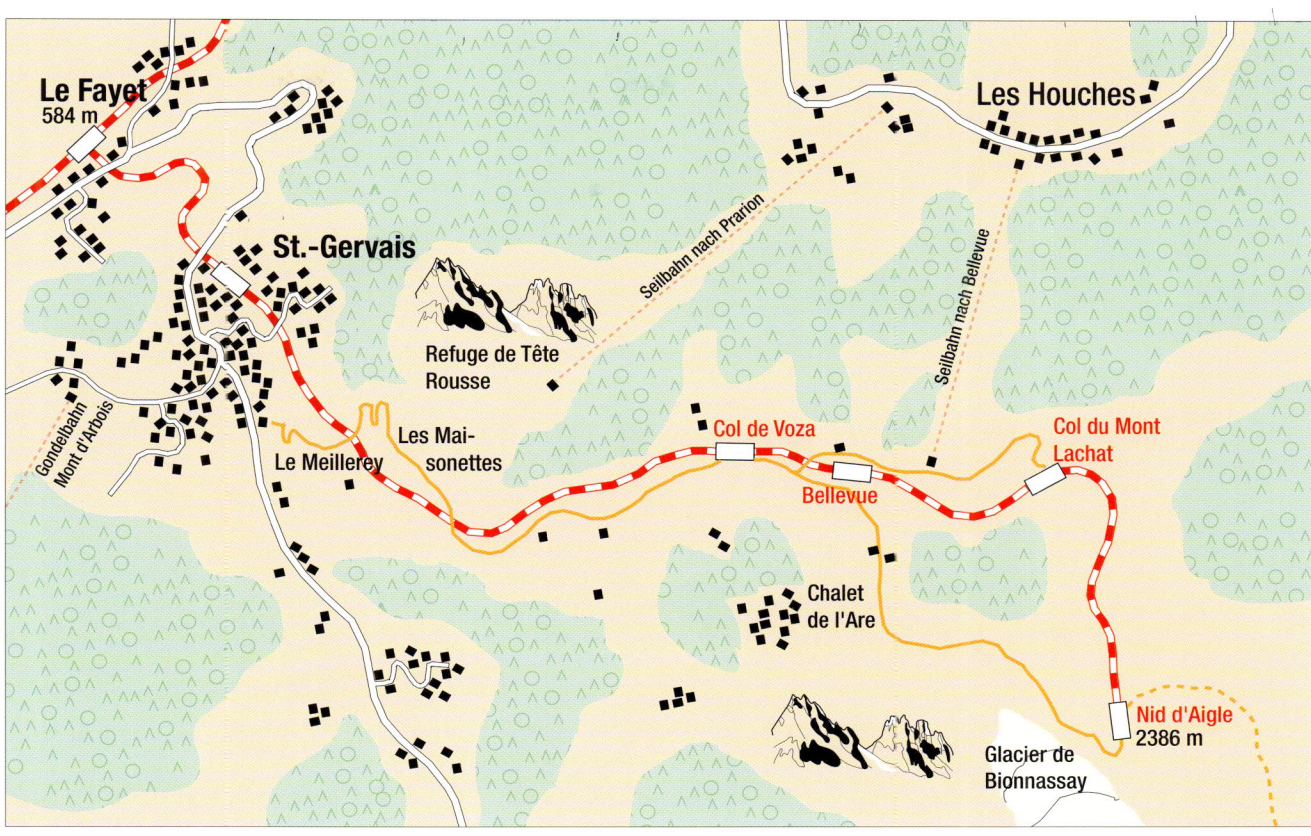

Doch Vorsicht: Wer sich auf eine der hohen Routen begibt, sollte einiges alpinistisches Können mitbringen. Die große Höhe mit den zeitraubenden Aufstiegen und die meist schwierigen Abfahrten über Gletschergelände dürfen nicht unterschätzt werden. Talurlauber und Turnschuhtouristen tummeln sich hingegen gefahrlos auf der »Vortreppe« des Mont Blanc.

Einst sollte die Tramway alle Rekorde brechen

Noch näher als die Zahnradbahn Chamonix–Montenvers führt die Tramway du Mont Blanc an den Eisriesen heran. Von Le Fayet aus werden in nur 80 Minuten 1800 Höhenmeter mühelos bezwungen. Dabei überwindet die Bahn verschiedene Landschaftstypen und Vegetationsstufen. Unten in Le Fayet, wo sogar Anschlüsse an TGV-

Züge bestehen, blühen Kastanienbäume. Auf ihren ersten Streckenkilometern führt die Reise an hübschen Ferienchalets vorbei bis zum 850 m hoch gelegenen Kurort St-Gervais. Hier dominieren die Jugendstilbauten aus den frühen Tourismusjahren. Der Zug hält nur kurz und setzt dann seine Fahrt durch dichten Mischwald fort. Dieser lockert mit zunehmender Höhe auf, Fichten und Föhren bestimmen das Bild, und einige Lichtungen erlauben reizvolle Talblicke. Auf dem Col de Voza erreicht der Zug auf 1658 m die erste wichtige Zwischenstation. Die Waldgrenze hinter sich lassend, schlängelt sich der Triebwagen über einen Kamm, dem sich majestätisch erhebenden Mont Blanc entgegen. Auf diesem Streckenabschnitt klicken viele Kameras, denn die Panoramasicht auf die Mont-Blanc-Kette ist überwältigend. Nach der kleinen Haltestelle Col du Mont Lachat (2077 m) geht's noch einmal mächtig steil bergauf, bis un-

Das Gefühl, die Ersten zu sein, erlebt man am Mont Blanc zwar nicht mehr. Wer sich aber etwas vom allgemeinen Touristenstrom absetzt, erlebt immer noch großartige Momente in der Gebirgsnatur.

Oben: Zwischen Col du Mont Lachat und Nid d'Aigle hat die Bahn die Baumgrenze längst unter sich gelassen.
Unten: Die Trollblume gedeiht meist auf feuchten Wiesen und Gebüschen und ist auch am Mont Lachat zu finden.

Oben: Schon von weitem überragt der Mont Blanc mit seinem Eispanzer alle Gipfel – im Vordergrund das Dorf Argentière.
Unten: Der Col de Voza ist im Winter ein beliebtes Ziel für Skifahrer und Snowboarder – im Bild der Triebwagen »Anne«.

Info

Anreise

Le Fayet bildet die Endstation der SNCF-Normalspurlinie Genf–Annemasse–La Roche–Le Fayet. In Annemasse muss umgestiegen werden. Eine weitere Anreisemöglichkeit besteht mit dem Mont-Blanc-Express von Martigny über Chamonix.

Betriebszeiten

Die Zahnradbahn verkehrt von Mitte Juni bis Ende September sowie von Weihnachten bis etwa März.

Höhenunterschiede

Talstation Le Fayet	584 m
Bergstation Nid d'Aigle	2386 m
Höhenunterschied	1802 m

Attraktionen

- eindrucksvolle Panoramaschau auf die Mont-Blanc-Gruppe
- kurzer, mühelos begehbarer Weg zum Glacier de Bionnassay – der Gletscher sollte allerdings nur von erfahrenen Alpinisten betreten werden

Unterkunft

Hotel Le Prarion auf dem Col de Voza, Telefon 0033 / 450 54 40 07, Internet www.prarion.com

Karten

Im Tourismusbüro von St-Gervais ist eine übersichtliche Wanderkarte mit eingezeichneten Wegen im Maßstab 1:20 000 erhältlich.

Infos

Office du Tourisme, Av. Mt. Paccard 115, F-74170 St-Gervais, Telefon: 0033 / 450 47 76 08 Fax: 0033 / 450 47 75 69 Internet: www.st-gervais.net

mittelbar nach einem Tunnel die Fahrt auf 2386 m abrupt endet. Von der Bergstation Glacier du Bionnassay – sie wird auch Nid d'Aigle genannt – bietet sich ein interessanter Blick auf Gletscher und umliegende Bergspitzen. Entlang der ganzen Strecke gibt es viel unberührte Natur und großartige Ausblicke auf den Mont Blanc. Die Zunge des Glacier de Bionnassay liegt sogar unterhalb der Bergstation, dahinter erhebt sich die Arête de Tricot. Der äußerste Gipfel der Bergkette erreicht gerade mal 2830 m, die Aiguille de Bionnassay ist immerhin schon ein stolzer Viertausender.

Ursprünglich sah das Projekt eine Rekordbahn zur Mont-Blanc-Spitze vor. Diese erhebt sich im Osten der Bergstation. Dabei hätte das rot-gelbe Bähnchen 4223 m Höhenunterschied bezwungen. Wegen allzu grosser Schwierigkeiten und knappen Finanzen wurde dann jedoch das waghalsige Bauvorhaben vorzeitig am Glacier de Bionnassay eingestellt. Bis zum Gipfel fehlten immerhin noch 2421 Höhenmeter.

160 Wanderkilometer rund um den Mont Blanc

Den Mont-Blanc-Besuchern bietet sich eine schier unendliche Vielfalt schönster Wandermöglichkeiten. Das Angebot reicht vom mühelosen Talweg über den anspruchsvollen Felsensteig bis zur mehrtägigen Rundwanderung um die Mont-Blanc-Gruppe. In acht bis zehn Tagesetappen werden 160 Wanderkilometer zurückgelegt. Man sollte sich für diese Tour mindestens zwei Wochen Zeit nehmen, da im Hochgebirge immer mit Wetterumstürzen gerechnet werden muss. Eine gute Ausrüstung ist ferner Bedingung für zwei gefahrlose Wanderwochen. Dazu gehören feste Bergschuhe, Biwaksack (Wetterschutz), warme Kleidung, Regenschutz, Sonnenbrille und Sonnencreme. Ausweispapiere nicht vergessen; zwischen Italien und Frankreich gibt es zwar keine Grenzkontrollen mehr, doch der Weg führt auch

in die Schweiz, die ja bekanntlich nicht zur EU gehört. Die Wanderroute ist gut markiert: auf französischem und schweizerischem Gebiet mit gelben Rhomben, auf italienischem mit roten Wegzeichen. Die Tour kann bei der Zwischenstation Col de Voza begonnen werden. Sie führt in Tagesetappen von sechs bis zwölf Stunden über Les Contamines, Col du Bonhomme, Col de la Seigne, Courmayeur, Mont de la Saxe, La Vachey, Val Ferret, Lacs de Fenêtre, Grand St-Bernard, Champex, Alpe Bovine, Col de la Forclaz, Col de Balme, Le Tour, Lac Blanc, Flégère, Planpraz, Chamonix und Les Houches wieder zurück auf den Col de la Voza. Übernachtet wird in den kleineren und größeren Ferienorten entlang der Route.

Bergwanderer, unterwegs auf dem 160 km langen Rundweg um den Mont Blanc.

Abkürzungen

AB	Appenzeller Bahnen
AL	Chemin de fer Aigle–Leysin
AOMC	Chemin de fer Aigle– Ollon–Monthey-Champéry
ARB	Arth–Rigi-Bahn
BOB	Berner-Oberland-Bahnen
BRB	Brienz–Rothorn-Bahn
BVB	Chemin de fer Bex–Villars– Bretaye
BVZ	Zermatt-Bahn
BZB	Bayerische Zugspitzbahn
CEV	Chemin de fer Electriques Veveysans
CM	Chemin de fer Chamonix– Montenvers
Db	Dolder-Bahn
DFB	Dampfbahn Furka-Bergstrecke
FO	Furka–Oberalp-Bahn
GGB	Gornergratbahn
JB	Jungfraubahn
LO	Lausanne–Ouchy
LSE	Luzern–Stans–Engelberg-Bahn
MC	Chemin de fer Martigny– Châtelard
MG	Ferrovia Monte Generoso
MGN	Chemin de fer Montreux– Glion–Naye
NöSSB	Niederösterreichische Schneebergbahn
ÖBB	Österreichische Bundesbahnen
PB	Pilatusbahn
RB	Rigi-Bahnen
RHB	Rorschach–Heiden-Bergbahn
RhW	Bergbahn Rheineck– Walzenhausen
SBB	Schweizerische Bundesbahnen (Brüniglinie)
SGA	St. Gallen–Gais–Appenzell-Bahn
SPB	Schynige-Platte-Bahn
TMB	Tramway du Mont Blanc
VRB	Vitznau–Rigi-Bahn
WAB	Wengeneralp-Bahn

Dank

Der Autor dankt allen Personen, die zur Realisation dieses Buches beigetragen haben, insbesondere dem Personal der einzelnen Bahngesellschaften und den Tourismusoganisationen, die umfassendes Informationsmaterial zur Verfügung gestellt haben. Ohne die freiwilligen Mitarbeiter wären die Recherchen zu diesem interessanten Buch über die Zahnradbahnen in den Alpen nicht von so großem Erfolg gekrönt gewesen. Ein persönlicher Dank gilt außerdem Herrn Dr. Hans-Bernhard Schönborn, der einige Kapitel in diesem Buch geschrieben hat.

Ronald Gohl

Bildnachweis

Bernhard P. Reichert: 12/13, 18/19, 19 unten, 23, 24, 26/27

Ralph Bernet: 6, 7, 22 unten, 25 oben, 34, 41, 51 oben, 53, 65 oben, 66, 72 oben und unten, 74 oben und unten, 75, 76, 79, 83, 85, 87, 90, 92/93, 95, 97, 98, 101 oben und unten, 110/111, 113 oben und unten, 114, 115 oben und unten, 116, 117, 119, 121 unten, 136 links, 140 unten, 141 oben, 14

Ernst Höhne: 21, 25 unten, 30

Helmut Petrovitsch: 22 oben, 30/31

Siegfried Garnweidner: 28, 38/39, 45

Bernd Eisenschink: 32/33, 42/43

Oliver Edinghaus: 36, 35

Don Fuchs: 42 oben

Bruno Hitz: 48, 50, 51 rechts, 52, 53 unten, 56, 57, 84 oben, 107 oben, 128 unten, 131 oben, 141 unten

Aline Kuhn: 3, 54, 55, 58/59, 63, 94, 107 unten, 102, 103, 104/105, 105 oben, 117 oben und unten, 122/123, 125 oben und unten, 126, 127 unten, 137

Thomas Küstner: 9, 10/11, 59, 60/61, 68/69, 71, 76/77, 81, 82/83, 130 oben

Ritchy Nemansky: 14, 14/15, 16/17, 18, 19, 37, 40/41, 42 unten, 46/47, 62, 64 oben und unten, 65 unten, 67, 99, 101 oben, 131 unten

Patrick Rudin: 86 oben, 132/133, 138, 140 oben,

Ronald Gohl: 51 links, 73, 84 unten, 86 unten, 88/89, 89 oben und unten, 105 unten, 107 unten, 108, 108/109, 112/113, 120/121, 121 oben, 135 oben und unten,

Heinz Sigrist: 124, 127 oben, 128 oben, 129 oben

Sandro Sigrist: 106, 129 unten

Mikel Pollakowski: 130 unten

Peter Kohler: 136 rechts

Ein kostenloses Gesamtverzeichnis erhalten Sie beim
Bruckmann Verlag
D-81664 München
www.bruckmann.de

Textredaktion: Ronald Gohl, Ralph Bernet,
Hans-Bernhard Schönborn
Layout: Ronald Gohl
Umschlaggestaltung: Heinz Kraxenberger, München
Kartografie: Philipp Marti
Herstellung: Thomas Fischer

Alle Angaben dieses Werkes wurden vom Autor sorgfältig recherchiert
sowie vom Verlag geprüft. Für die Richtigkeit der Angaben kann jedoch
keine Haftung übernommen werden. Für Hinweise und Anregungen
sind wir jederzeit dankbar. Bitte richten Sie diese an:
Bruckmann Verlag
Lektorat
Innsbrucker Ring 15
D-81673 München
E-Mail: lektorat@bruckmann.de

Bilderläuterung:
Umschlagvorderseite: Die historischen Rowan Züge, s. a. S. 91
Seite 3: Unterhalb der Bergstation Gornergrat durchfahren die Züge die
letzte S-Kurve. Im Hintergrund zieht das majestätische Matterhorn alle
Blicke auf sich.
Seite 6: Bunt ist der neue Zahnradbahn-Zug am Col de Bretaye. Die fahr-
planmäßig verkehrenden Salonwagen bieten den Reisenden viel Komfort.
Seite 12: Dampf am Achensee (Tirol). Die Lok Nr. 3 mit zwei offenen
Sommerwagen kurz vor der Endstation Seespitz.
Seite 32: Die Holzzüge am Wendelstein verkehren nur bei Verkehrsspitzen
und für Nostalgiefahrten. Der Zug wurde unterhalb der Bergstation foto-
grafiert.
Seite 46: Die modernen Triebwagen der Jungfraubahn verkehren in
Vierfachsteuerung. Auf der Höhe von Fallboden fährt der Zug in eine
Lawinengalerie. Im Hintergrund die weltberühmte Eigernordwand.
Seite 132: Glacier de Bionnassay heißt der Gletscher am Fuß des Mont
Blanc. Der Triebwagen der Tramway du Mont Blanc hat soeben Col du
Mont Lachat verlassen und fährt zur Bergstation Nid d'Aigle hinauf.
Umschlagrückseite, li. o.: Zahnradbahn-Zug am Col de Bretaye, s. a. S. 110ff.
Umschlagrückseite, re. o.: Berner-Oberland-Bahn am Dorfrand von
Grindelwald, s. a. S. 130f.

Die Deutsche Bibliothek – CIP-Einheitsaufnahme
Ein Titeldatensatz für diese Publikation ist bei
Der Deutschen Bibliothek erhältlich.

Printed in Italy by Printer Trento
ISBN 3-86517-015-3